그림책 학급경영

마음을 토닥이는 행복한 한해살이

그림책 학급경영

한윤정 지음

지식프레임

프롤로그
그림책에서 찾은 희망

　아이들에게 처음 읽어준 그림책은 일본의 초등 교사인 우쓰기 미호의 《치킨 마스크》입니다. 3학년 담임일 때, 학급에 또래보다 학습, 관계, 운동 등 모든 면이 부족하고 특별히 잘하는 것이 없는 아이가 있었어요. 이 아이가 매일 손에 들고 다니던 그림책이 《치킨 마스크》였습니다.

　주인공 치킨 마스크는 아무것도 잘하는 것이 없어서 재주 있는 친구 마스크들을 부러워해요. 치킨 마스크가 어떤 마스크가 될까 고민할 때, 주변의 꽃과 나무가 다른 마스크가 되지 말라고 합니다. 아무도 돌보지 않는 꽃과 나무에게 물을 주는 건 치킨 마스크뿐이라고요. 그림책이 아이에게 따뜻한 격려를 해주고 있다는 것을 알게 되었습니다.

　이 책을 학급 아이들에게 읽어주고 친구의 강점을 찾는 활동을 했습니다. 친구들이 찾아준 이 아이의 강점은 '인사 잘하기'였어요. 학년이 올라가서도 우연히 만나면 반가운 얼굴로 인사해 주던 모습이 선합니다.

　그림책과의 인연은 이렇게 시작되었습니다. 그림책은 아이들의 마음을 토닥이고 들여다볼 수 있게 해주었습니다. 발표하기를 두려워하는 아이들을 위해 《틀려도 괜찮아》를 읽어주었고, 부정적인 말이 습관이 된 아이들을 위해 《고양이 피터》를 읽어주었습니다. 《강아지똥》을 읽으며 우리는 모두 아름답고 가치있는 존재라는 것도 배웠지요. 그해 그림책을 통해 아이들은 마음이 단단해지고 바른 성품을 키워갔습니다.

　그 후 한동안 계속해서 1학년을 맡게 되었어요. 그림책으로 변화하고 성장하는 아이들을 보면서 '그림책으로 풀어보는 안성맞춤교육', '그림책 놀이 수업' 동아리를 만들었습니다. 1학년 선생님들과 함께 좋은 그림책을 찾아 아이들에게 읽어주었습니다.
　의자에 엉덩이 붙이기를 힘들어하던 아이도 그림책을 읽어줄 때는 의자에 찰싹 앉습니다. 너 나 할 것 없이 아이들은 눈을 반짝이고 귀를 쫑긋 세웁니다. 그림책으로 놀이하듯 공부했고 엄마가 책을 읽어주듯 편안하게 공부했지요. 아이들은 선생님이 그림책 읽어주는 시간을 즐거워했고 읽어준 그림책을 도서관에서 찾아 또 읽었습니다. 좋아하는 그림책을 친구들에게 소개하며 책 읽는 즐거움도 알아갔습니다.

　교과와 창체 수업 시간에 관련 그림책을 활용하면서 그림책 관련

연수와 모임에도 참여하게 되었습니다. '아이들에게 읽어줄 좋은 그림책이 이렇게 많구나!' 하고 알게 되었지요. 때마침 '바른 인성과 마음 성장을 위한 그림책 활용 방안'이라는 연구 주제로 서울학습연구년 특별연수를 받게 되었습니다. 한 학기를 학교에 출근하지 않는 대신 바른 성품 교육을 위한 그림책을 찾고 교실 수업에 적용할 수 있는 수업 방법을 연구하게 되었지요. 그림책으로 학교폭력, 교우 관계, 감정 다루기 등 학급에서 일어나는 많은 문제를 해결할 수 있을 것이라는 생각이 들었습니다. 또 자존감, 긍정, 배려, 협동, 존중, 정직 같은 바른 성품을 키워주는 데도 도움이 될 것이라는 믿음을 갖게 되었지요.

어느 날, 후배 선생님이 찾아와 심각한 문제행동을 보이는 학생으로 인해 하루하루가 힘겨워 잠을 이루지 못하고 출근하기가 두렵다는 이야기를 했습니다. 그 마음에 공감이 되고 안타까웠습니다. 욕을 하고 거친 행동을 하는 아이들, 예의 없고 반항하는 아이들, 거짓말을 하는 아이들, 왕따 문제와 학교폭력을 일으키는 아이들, 자기밖에 모르는 독불장군 같은 아이들……. 이런 아이들을 만나 고군분투했던 저의 모습도 떠올랐습니다.

상처가 있는 아이들, 그 아이들로 인해 상처받는 선생님이 많아지고 있습니다. 상처 많은 아이들을 어떻게 도와줄까? 교실 현장에서 애쓰시는 선생님들에게 어떻게 하면 도움이 될 수 있을까? 이런 고민 끝에 제가 그동안 진행해 왔던 그림책 학급경영의 경험을 이 책에 담기로 했습니다. 그림책 학급경영은 아이들을 정성과 따스한 마음으로 만나고 돌보게 해주었으니까요.

이 책에는 선생님들이 활용하기 쉽도록 3월부터 시작되는 한해살이에 알맞은 그림책을 월별로 한 권씩, 총 열두 권을 소개합니다. 그리고 시기와 상관없이 언제든지 필요에 따라 활용할 도덕적 가치 덕목과 범교과 주제를 다룬 그림책 열두 권도 소개합니다. 25년간 아이들과 함께하면서 적용해 온 생활지도 방법, 대화법, 가치교육 등 학급에서 부딪히는 문제들을 슬기롭게 해결할 수 있는 학급운영 전반의 노하우도 담았습니다.

그림책 수업을 처음 하는 선생님도 부담 없이 활용할 수 있도록 그림책별로 읽기 전, 읽는 중, 읽은 후의 적절한 발문과 활동들을 자세히 안내하였습니다. 활동은 놀이, 미술, 연극, 토론, 글쓰기 등 그림책 특성에 맞게 다양한 활동을 제시하였습니다. 학년 수준과 학급 환경에 맞게 발문과 수업 활동을 선택하여 활용하시고 선생님만의 수업 노하우를 보탠다면 더욱 즐겁고 효과적인 그림책 수업이 될 것입니다.

아이들과 처음 만나는 3월부터 헤어지는 2월까지, 그림책은 제게 학급운영의 든든한 지원군이 되어주었습니다. 아이들의 인성교육도 문제행동도 그림책으로 풀어갔습니다. 그림책은 아이들과의 만남을 더욱 설레게 하고 일 년을 잘 꾸릴 수 있다는 자신감을 주었지요.

많은 선생님과 부모님이 아이들과 함께 그림책을 읽으면 좋겠습니다. 《치킨 마스크》를 매일 들고 다니던 아이처럼, 우리 아이들이 저마다 각자의 인생 그림책을 만나서 힘과 위로를 얻었으면 합니다. 그림책 속에서 깨달은 지혜를 삶에 실천하면서 바른 인성을 지닌 인재로 커나가길 바랍니다. 또한 학교 안 작은 교실에서 아이들과 행복한 하루하루를 꿈꾸는 선생님들에게 그림책이 가르침의 희망이 되기를 소망합니다.

2023년 2월
그림책과 아이들을 사랑하는 교사 한윤정

프롤로그 _ 그림책에서 찾은 희망　　　　　　　　　　　　　　　005

Part 1 왜 그림책일까?

01 그림책 수업의 힘　　　　　　　　　　　　　　　　　　015
02 그림책 수업과 학급경영　　　　　　　　　　　　　　　021
03 그림책 수업을 재미있게 하려면?　　　　　　　　　　　028

Part 2 달마다 만나는 그림책

3월 **인사** : 새로운 만남, 인사 예절을 배워요!《왜 인사해야 돼?》　　043
4월 **장애이해교육** : 장애이해교육, 더불어 사는 아름다운 세상《위를 봐요!》　　050
5월 **어버이날** : 부모님께 감사와 사랑을 표현해요《내 이름은 자가주》　　059
6월 **환경교육** : 지구온난화와 환경 문제를 생각해요《달 샤베트》　　066
7월 **시간관리** : 시간을 소중하게 여기고 관리해요《시간은 꽃이야》　　073
8월 **우정** : 친구가 되는 멋진 방법《알사탕》　　080
9월 **독서** : 책 읽기의 즐거움을 느껴요《와작와작 꿀꺽 책 먹는 아이》　　088
10월 **말의 힘** : 나에게 힘을 주는 말《말하면 힘이 세지는 말》　　096
11월 **실수** : 실수해도 괜찮아!《아름다운 실수》　　103
12월 **나눔** : 세상을 바꾸는 온기, 나눔과 기부《뭔가 특별한 아저씨》　　110
1월 **목표** : 한 해를 시작하는 목표 세우기《홈런을 한 번도 쳐 보지 못한 너에게》　　117
2월 **헤어짐** : 새로운 길을 떠나는 아이들에게《길 떠나는 너에게》　　124

Part 3 마음이 자라는 그림책

01 **용기** : 새로운 세상을 향한 용기 《쿵쿵이와 나》 135
02 **학교폭력예방교육** : 학교폭력을 예방해요! 《책가방》 142
03 **자존감** : 나는 소중한 사람입니다 《난 내가 좋아!》 150
04 **언어 예절** : 뾰족한 말은 싫어요! 《가시 소년》 157
05 **협동** : 함께하는 힘, 협동 《헤엄이》 164
06 **생태환경교육** : 환경을 생각하고 쓰레기를 줄여요
 《지구를 구하는 쓰레기 제로 대작전》 172
07 **화** : 분노를 조절하고 화를 다스려요 《앵거게임》 178
08 **삶의 가치** : 삶의 소중한 가치를 배워요 《쿠키 한 입의 인생 수업》 185
09 **정직** : 남의 물건에 손대거나 거짓말하지 않아요 《이건 내 모자가 아니야》 193
10 **진로교육** : 나만의 강점을 찾아요 《치킨 마스크》 199
11 **긍정** : 긍정적인 마음을 가져요 《고양이 피터》 207
12 **감정** : 감정을 잘 표현해요 《감정은 무얼 할까?》 214

에필로그 _ 그림책을 읽어준다는 것은 사랑을 흘려보내는 일 221
부록. 함께 읽으면 좋은 그림책 225

의자에 엉덩이 붙이기를 힘들어하던 아이도
그림책을 읽어줄 때는 의자에 찰싹 앉습니다.
너 나 할 것 없이 아이들은 눈을 반짝이고 귀를 쫑긋 세웁니다.

Part 1
왜 그림책일까?

01
그림책 수업의 힘

    해마다 학년 말이 되면 다음 학년도 학교 교육 계획 수립을 위한 설문 조사를 합니다. 2021~2022년 설문 조사 결과를 보면 학교 특색 교육으로 교사는 인성교육을, 학부모는 독서교육을 1위로 선택했습니다. 그만큼 초등 시기에 바른 인성과 독서 습관을 길러주는 것이 매우 중요하다는 의미입니다.

    그렇다면 어떻게 해야 아이들에게 바른 인성을 심어주고 독서 습관을 갖게 할 수 있을까요? 그 답은 바로 그림책 수업에 있습니다. 제가 그동안 경험한 그림책 수업의 효과와 장점은 크게 다섯 가지입니다.

    첫째, 그림책 수업은 바른 인성을 키워줍니다.

    욕과 거친 말을 사용하는 아이들이 있었습니다. 말투가 워낙 사나

워서 주변 친구들을 자주 불편하게 하는 아이도 있었습니다. 주의를 주고 타일러도 거친 말 습관이 쉽게 고쳐지지 않았지요. 그러다《가시 소년》그림책을 읽고 토의 수업을 했습니다. 가시 소년의 입에서 가시 같은 뾰족한 말들이 쏟아져 나오는데 결국엔 친구 하나 없이 외톨이가 되지요. 가시 소년처럼 되지 않도록 '욕과 거친 말을 하지 않는 방법'에 대해 토의 시간을 가졌습니다. 모둠별로 토의하여 의견 하나를 정하고 각 모둠의 의견 중에서 가장 많은 표를 얻은 의견을 해결 방법으로 정했지요. 이처럼 아이들은 그림책을 통해 스스로 문제 해결책을 찾았고 욕과 거친 말 사용을 줄여나갔습니다.

다른 사람의 입장을 헤아리기 위한 그림책《알사탕》, 용기를 내기 위한 그림책《쿵쿵이와 나》, 정직을 위한 그림책《이건 내 모자가 아니야》, 인사 예절을 위한 그림책《왜 인사해야 돼?》, 협동을 위한 그림책《헤엄이》등 인성 관련 그림책을 아이들과 함께 읽고 이야기를 나누고 삶에 적용할 방법을 찾았습니다. 그림책을 통해 삶의 태도를 배우고 실천하면서 좋은 성품을 키워갔습니다.

둘째, 그림책 수업은 책을 좋아하게 만듭니다.

아이들이 책을 좋아하려면 어떻게 해야 할까 고민하다가 그림책을 읽어주기 시작했습니다.《달 샤베트》,《아름다운 실수》,《난 내가 좋아》,《뭔가 특별한 아저씨》등의 그림책을 읽어주었더니 아이들이 "와! 와!" 감탄을 하기도 하고 깔깔거리며 웃었습니다. 읽어준 그림책 중에서 좋아하는 그림책을 도서관에서 빌려오는 아이들도 있었지요. 선생님이 읽어준 책이라고 자랑하면서 반복 독서를 하는 아이들도 생겨났습니다.

그림책을 읽어줄 때 작가도 함께 소개해 주는데 작가의 다른 그림책을 빌려와서 읽는 아이도 있습니다. 《알사탕》을 읽어주니, 아이들이 백희나 작가의 《구름빵》, 《이상한 손님》, 《장수탕 선녀님》, 《나는 개다》를 빌려와 읽었습니다. 존 버닝햄의 그림책은 그림만 보아도 존 버닝햄의 그림책이라는 것을 알게 되었지요. 아이들은 도서관에 가는 시간을 기다리고, 스스로 도서관을 오가며 책 읽는 재미에 푹 빠졌습니다. 그림책 수업은 아이들이 책과 친해지도록 마중물이 되어주었습니다.

셋째, 그림책 수업은 재밌고 즐겁습니다.

아무리 좋은 내용의 수업이라 하더라도 아이들의 흥미를 끌지 못하면 좋은 수업이 되기 어렵습니다. 아이들은 교사가 일방적으로 설명하는 지식 전달 위주의 수업 대신 스스로 이야기하고 활동하는 수업에 재미를 느낍니다. 그림책 수업은 낭독, 음악, 미술, 연극, 놀이, 글쓰기, 토의토론 등 여러 가지 방법으로 자기 표현을 할 수 있어서 모든 아이들이 좋아합니다. 또 짝 활동, 모둠 활동, 협동 학습을 하면서 혼자 읽었을 때 생각하지 못한 부분도 깨닫게 되지요. 친구들과 그림책으로 이야기꽃을 피우며 아이들은 생각이 깊고 넓어집니다.

그림책은 이야기가 짧은 데다 내용이 쉬워 전 학년에 걸쳐 사랑을 받습니다. 미술 전시회를 관람하는 것처럼 그림을 즐겁게 감상합니다. 그림에 숨겨진 작가의 생각을 수수께끼 풀 듯 잘도 찾아내지요. 또 이야기가 아이들의 생활과 관련한 일을 주제로 삼기 때문에 더욱 호기심을 갖고 재미있어 합니다.

  넷째, 그림책 수업은 마음을 위로하고 성장시킵니다.
  버럭 화를 잘 내는 아이들이 있어요. 화를 다스리지 못해서 친구의 얼굴을 할퀴고 폭력적인 행동을 하는 아이들도 있었지요. 그림책 《앵거게임》을 읽고 나는 어떨 때 화가 나는지 동그랗게 둘러앉아 이야기를 나누었습니다. 자주 화를 내는 아이가 있었는데 그 아이는 다른 사람이 자기 마음을 몰라줘서 억울할 때 화가 난다고 했어요. 이렇게 서로의 경험을 공유하면서 반 아이들은 친구를 이해하고 공감했어요. 그 아이가 화를 낼 땐 무엇이 억울한지 살피게 되었지요. 나만의 화를 달래는 방법도 소개하면서 화를 푸는 방법도 찾아보았습니다.
  그림책 수업은 자기의 경험을 스스럼없이 말하고, 서로를 이해하게 합니다. '나만 화가 나는 게 아니구나.' 하고 위로도 얻지요. 그림책 《난 내가 좋아》, 《완두》, 《넌 특별하단다》는 아이들의 자존감을 회복시키고, 《눈물 바다》, 《안녕, 울적아》, 《곰씨의 의자》, 《무릎 딱지》는 심리적 어려움에 처한 아이들의 마음을 위로해 주었습니다. 그림책 수업으로 힘들었던 마음을 도닥이면서 마음을 치유했습니다.

  다섯째, 그림책 수업은 교과와 비교과 수업에 모두 효과적입니다.
  그림책은 동화책에 비해 이야기가 짧아서 40분 단위의 수업에 활용하기가 수월합니다. 교과 수업에서는 그림책을 동기 유발 자료나 수업

중 환기용으로 활용할 수 있습니다. 다음은 1학년 통합교과 수업에서 단원별로 읽어준 그림책들입니다.

- 학교에 가면 : 《얘들아, 학교 가자!》 (강승숙 글, 신민재 그림, 사계절)
- 봄 : 《봄이 오면》 (한자영 글·그림, 사계절)
- 우리는 가족입니다 : 《근사한 우리 가족》 (로랑 모로 글·그림, 로그프레스)
- 여름 : 《수박 수영장》 (안녕달 글·그림, 창비)
- 내 이웃 이야기 : 《이웃사촌》 (클로드 부종 글·그림, 물구나무)
- 현규의 추석 : 《솔이의 추석 이야기》 (이억배 글·그림, 길벗어린이)
- 여기는 우리나라 : 《우리나라를 소개합니다》 (표시정 글, 김윤영 그림, 키다리)
- 우리의 겨울 : 《겨울이 왔어요》 (찰스 기냐 글, 애그 자트코우스카 그림, 키즈엠)

이외에 국어, 수학도 단원 내용과 관련된 그림책을 찾아 읽어주었습니다. 또 창의적 체험활동에서 이루어지는 비교과 수업의 교재로도 그림책을 활용했어요. 학교폭력예방교육, 독서교육, 다문화교육, 장애이해교육, 나라사랑교육, 생태환경교육 등의 수업은 별도의 교과서가 없습니다. 그래서 각 주제를 다루고 있는 그림책을 찾아 수업을 진행했고 매우 훌륭한 교과서가 되어주었습니다.

그림책 수업은 교과 및 창의적 체험활동 수업뿐만 아니라 인성교육과 독서교육에도 효과적입니다. 상처받은 아이들의 마음도 토닥입니다. 쉽고 재미있어 아이들의 수업 참여도가 높습니다. 활동 수업을 통해 아이들은 배움의 진짜 주인공이 되었습니다.

02
그림책 수업과 학급경영

새 학년이 되면 일 년 동안 학급을 어떻게 운영할 것인지 목표와 방향을 정합니다. 저는 3월 첫 주에 아이들과 함께 김성범 작가의《우리 반》그림책을 읽으며 '우리 반이 어떤 반이 되면 좋을까?'를 주제로 토의를 합니다. 아이들은 저마다 자신이 꿈꾸는 우리 반의 모습을 이야기하지요. 그러면 의견을 모아 가장 많은 표를 받은 세 가지 의견으로 반 이름을 짓습니다.

지난해 1학년 아이들과 만든 반 이름은 '재미있고 배려하는 행복한 반'이었어요. 같은 방법으로 학급 규칙도 아이들과 함께 만들었습니다. "소곤소곤 말해요, 사뿐사뿐 걸어요, 고운 말을 써요, 사이좋게 지내요."의 앞 글자를 따서 '소사고사'라는 규칙을 만들었지요.

새로운 출발점에서 이렇게 우리는 그림책을 활용해 나아갈 방향을 정했습니다. 물론 그렇다고 해서 우리가 꿈꾸는 반을 향한 여행이 늘 평화롭지만은 않습니다. 배려가 익숙하지 않은 아이들, 거친 말을 하는 아이들, 싸우는 아이들. 교실에는 많은 문제들이 빈번하게 발생합니다. 그럴 때마다 문제 해결의 실마리를 그림책에서 찾았습니다.

아이들에게 배려를 이야기하고 싶을 때는 이범재 작가의 그림책 《누구지?》를 읽어주었고, 고운 말을 쓰자고 이야기하고 싶을 때는 《가시 소년》을 읽어주었죠. 박정섭 작가의 《짝꿍》을 읽으며 친구와의 다툼이 왜 일어나는지, 어떻게 화해해야 하는지 사이좋게 지내는 방법을 이야기 나눴습니다. 그림책은 그렇게 우리가 꿈꾸는 반을 만들어가는 데 좋은 길잡이가 되어주었습니다.

그림책으로 전하는 삶의 가치

저에게는 학급경영을 위한 네 가지의 소중한 가치가 있습니다. '책, 성실, 배려, 긍정'입니다. 보다 나은 교사가 되고자 책을 읽고 아이들과의 하루에 최선을 다하려고 노력합니다. 아이들 입장에서 생각하고 존중과 배려를 실천하고자 합니다. 학급에 발생하는 좋지 않은 상황에서도 좋은 면을 보려고 애씁니다.

해마다 새로운 아이들을 만나면 아이들에게도 이 가치를 전합니다. 네 개의 가치를 열매로 만들어 일 년 동안 아이들의 마음과 행동에 스며들도록 강조하지요.

저는 공부보다 먼저 마음이 건강하고 바른 성품을 지닌 아이들로 성장하길 바라는 마음이 큽니다. 책을 통해 세상을 살아낼 지혜와 힘을 얻고, 꾀부리지 않고 최선을 다하는 성실한 아이들로 자라길 바랍니다. 내가 소중한 만큼 다른 사람을 존중하고 배려할 수 있는 너그러운 마음과 어떤 상황에서도 희망적인 선택을 하는 긍정적인 마음 자세도 지녔으면 합니다.

아이들에게 이런 삶의 태도를 심어줄 가장 좋은 방법으로 선택한 것이 그림책을 읽고 이야기 나누는 것이었습니다. 책을 읽으라고 말하는 대신 책의 소중함을 일깨우는 그림책《와작와작 꿀꺽, 책 먹는 아이》를 함께 읽었습니다.《끝까지 제대로》를 읽으며 포기하지 않고 끝까지 최선을 다하는 태도도 배웠습니다. 용기와 감사, 나눔, 너그러운 마음, 예의, 겸손, 우정 등 때때로 아이들에게 들려주고 싶은 삶의 가치들을 그림책을 통해 전할 수 있다는 것이 때로는 놀랍기도 했습니다. 잔소리로 흘려들을 수 있는 삶의 가치들을 그림책은 아이들 마음에 씨앗을 심어주고 자라게 해주었죠. 그림책이 아이들을 키운 것입니다.

그림책으로 상처받은 마음을 치유하다

학급경영을 하면서 담임 교사가 겪는 가장 큰 고충 중 하나는 심리적 어려움을 겪는 아이들을 만날 때입니다. 화가 나면 분노를 조절하지 못하는 아이들, 친구들과 어울리지 못하고 외톨이가 되는 아이들,

학교폭력을 일으키는 아이들, 친구의 물건을 몰래 가져가거나 거짓말을 하는 아이들……. 학급마다 심리적 어려움에 처한 아이들은 점점 늘어나고 있지요. 그림책은 이런 아이들의 마음을 이해하고 소통할 수 있는 기회를 줍니다.

리오나, 마르쿠스의 그림책《책가방》은 교실에서 발생할 수 있는 학교폭력 이야기를 다루고 있습니다. 세 명의 친구로부터 괴롭힘을 당한 친구의 입장이 되어보고, 가해 행동을 한 친구들의 어려움에도 관심을 갖게 되지요. 서로의 마음을 먼저 들여다보고 절대 해서는 안 되는 행동에 대해 이야기 나눕니다. 이외에도《내 탓이 아니야》,《수미야, 미안해》같은 그림책을 통해 학교폭력 예방에 많은 도움을 받을 수 있습니다.

아이들의 심리적 어려움을 돕는 좋은 그림책들도 점점 더 많아지고 있습니다.《앵거게임》,《불 뿜는 용》,《소피아의 화를 푸는 방법》은 분노를 조절하지 못하는 아이들에게 화를 다스리는 방법에 대해 알려줍니다. 아이들은 화가 날 때, 나만의 화를 푸는 방법을 찾고 화를 다스리려고 노력했어요. 그림책으로 아이들의 마음은 조금씩 치유되고 성장했습니다.

그림책으로 달라진 아이들

"나는 그림책 수업이 가장 인상 깊었다. 이 수업으로 몇몇 친구들은

자신의 행동을 돌아보고 그걸 고치려 하는 모습을 찾아볼 수 있었다."

교원능력개발평가 학생 의견 조사에서 위와 같이 그림책 수업에 대해 남겨준 글을 보고, 그림책 수업에 대해 아이들에게 의견을 물었습니다. 그림책 수업이 좋았던 점, 도움을 준 점, 나와 우리 반을 변화시킨 점 등에 대하여 아이들은 다양하게 응답해 주었습니다.

"그림책 수업이 우리에게 서로를 이해할 수 있는 능력을 주는 것 같았다. 친구의 입장을 생각하고 행동하는 나와 친구들이 보기 좋았다. 나의 말, 행동을 고치려 했던 것 같다. 욕을 쓰던 친구도 특히 《앵거게임》을 통해 많이 바뀌었다. 자신을 한 번 더 돌아보게 도와주어서 행동을 고쳤다. 자신의 행동을 돌아보고 행동과 말이 좋아졌다."

"거친 말이나 욕, 감정, 우정, 정직한 생활에 대한 책을 읽으니 일상 생활에서도 실천하게 됐다. 재밌게 읽고, 독서감상문까지 쓸 수 있어 좋았다. 욕설과 싸우는 듯한 행위들이 점점 사라지고 있다고 생각한다."

"여러 가지 의미가 담겨 있는 그림책들을 보면서 나의 행동, 말을 한번 더 돌아보게 되었다. 내가 알지 못하는 그림책을 보니 재미있었다. '긍정적인 마음을 갖자'라는 것이 마음에 깊게 박혔다. 말

투, 행동이 바뀌었다. 다양한 그림책의 분야를 알게 되었다. 그림
책을 가지고 토론하면서 친구 관계가 더 단단해졌다."

"친구들이 변하기 위해 노력하는 것이 보였고, 사람이 바뀔 수 있
다는 인식을 심어주었다. 우리 반이 더 화목해진 것 같다. 긍정적
으로 말하는 친구들이 생겨났다."

"내 안에 있는 것들을 꺼낼 수 있게 되었다. 보잘것없는 것에도
관심을 갖게 되었다. 책을 많이 읽게 됐다. 완전 소심이였던 나를
적당한 소심이로 만들어줬다. 모든 친구들이 더 친절하고 순해졌
다. 친구들의 생각이 더 깊어졌다."

"선생님이 책을 읽어주시니까 귀에 쏙쏙 들어왔다. 책을 많이 안
읽었는데 책을 틈나는 대로 읽게 됐다. 어휘력이 올라가고 책의
재미를 알게 해주었다. 친구들이 책을 좋아하게 됐고, 욕을 줄였
다."

그림책 수업에 대한 아이들의 긍정적인 반응이 고맙고 기분 좋았습
니다.

흔히들 '사람은 쉽게 변하지 않는다'고 하지요? 저 또한 그렇게 생
각했습니다. 그러나 그림책 수업을 하면서 아이들이 달라지는 모습을

보았습니다. 자신을 좋은 방향으로 바꾸려고 노력한 아이들이 무척 대견했습니다.

    교실에는 저마다 다른 색깔을 지닌 선생님과 아이들이 있습니다. 이 세상에 단 하나뿐인 소중한 존재들이죠. 선생님은 선생님의 색으로 빛나고, 아이들은 아이들 각자의 색으로 빛날 때 가장 행복한 교실이 됩니다. 모두가 주인공이 되는 학급경영에 그림책은 그 무엇보다 큰 힘이 되어줄 것입니다.

03
그림책 수업을 재미있게 하려면?

그림책 수업을 하고 싶어도 어디서부터 어떻게 시작해야 할지 막막할 때가 있습니다. 그림책 수업을 위해 따로 준비를 하는 일도 부담스럽고 쉽지 않지요. 저도 처음엔 마찬가지였어요. 그래서 무작정 그림책을 펼치고, 그냥 읽어주었습니다. 읽어주다 보니 아이들이 질문을 했어요. 질문에 다른 아이가 답을 해주더라고요. 그림책을 읽으며 그렇게 자연스럽게 이야기를 나누었습니다. 그림책을 다 읽고 난 다음에는 소감을 나누었지요.

그림책 수업을 처음 시작한다면 부담 없이 가벼운 마음으로 읽어주면 좋겠습니다. 그림책 읽어주기가 편안해지면 발문도 해보고 간단한 독후 활동을 하나씩 해보면 됩니다. 선생님이 관심 가는 그림책부터 한 권 한 권 읽어주면서 아이들과 행복한 1년을 보내면 됩니다.

그림책은 어떻게 선정하나요?

아이들에게 읽어줄 그림책은 교사가 먼저 읽고, 교사의 마음이 이끌리는 그림책으로 선정하면 좋습니다. 좋은 그림책을 선정하려면 좋은 그림책을 많이 접해야겠지요.

우선, 교과서에 수록된 그림책과 교사용 지도서에 소개된 관련 그림책을 읽어보고 교사의 흥미를 끄는 책을 선정합니다. 학교 도서관이나 자주 가는 지역 도서관의 연간 그림책 대출 순위를 알아보고, 대출 순위가 높은 그림책을 읽고 선정하는 방법도 있습니다.

그림책 수업이나 그림책 학급경영과 관련한 도서에서 소개하고 있는 그림책 중에서도 원하는 주제를 담고 있는 그림책을 만날 수 있습니다. 또 그림책 수업에 관련한 연수를 통해서도 좋은 그림책을 접할 수 있지요. 특히 동학년 선생님들과 그림책 관련 동아리를 만들어 함께 읽어줄 그림책을 선정하면 더욱 좋습니다. 학교 밖에서 운영되는 그림책 관련 모임에도 참여하여 신간 그림책과 저자 특강을 통해 다양한 그림책을 만날 수 있습니다.

'그림책 박물관(picturebook-museum.com)' 사이트는 주제별로 그림책을 모아두어 원하는 주제가 있을 때 활용하면 좋습니다. 마지막으로, 아이들과 한 해 동안 읽은 그림책으로 인기 투표를 해서 아이들이 좋아하는 그림책을 선정할 수 있습니다.

그림책을 읽어줄 때 발문은 어떻게 하나요?

그림책마다 저자가 전하고자 하는 메시지가 있습니다. 적절한 발문으로 아이들이 스스로 느끼고 배우도록 해야 하지요. 예를 들어《내 이름은 자가주》를 읽어줄 때는 "부모님에게 보살핌을 받은 경험 중 생각나는 일이 있나요?"처럼 부모님의 수고로움에 대해 생각하는 발문을 합니다.《말하면 힘이 세지는 말》을 읽어줄 때는 "나에게 힘을 주었던 말은 어떤 말인가요?"라고 발문할 수 있지요. 그림책이 담고 있는 메시지와 관련한 발문이면 좋습니다.

그림책에 흥미를 더하는 발문도 좋습니다.《달 샤베트》를 읽어주면서 "달로 만든 샤베트는 어떤 맛일까요?", "녹아버린 달을 어떻게 다시 만들 수 있을까요"와 같이 발문을 하면 아이들은 독창적인 자기 생각을 이야기합니다.

주의할 점은 책의 내용을 아는지 모르는지 확인하지 않아야 합니다. 내용을 확인하는 질문은 아이들이 부담스러워해요. 또 질문이 어렵지 않아야 합니다. 아이들이 즐겁고 재미있게 이야기할 수 있는 발문, 생각의 폭을 넓혀주는 발문이 좋습니다.

매번 어떤 발문을 해야 하는지 떠오르지 않을 때는 다음에 소개하는 몇 가지 발문을 활용해 보세요. 이 발문은 어떤 그림책에도 적용 가능한 발문이에요.

〈읽기 전〉

- 작가는 어느 나라 사람일까요?
- 책 표지를 보고 책의 내용을 상상해 본다면?
- 책 표지를 보고 떠오르는 단어는 무엇인가요?

〈읽기 중〉

- (사실 질문) 이 장면은 어떤 상황인가요?
- (감정 질문) 이 장면에서 ~의 감정은 어땠을까요?
- (경험 질문) 여러분도 이런 경험을 한 적이 있나요?

〈읽기 후〉

- 이 책에서 가장 인상 깊은 장면은 무엇인가요?
- 책 내용 중 핵심 단어 3가지를 고른다면?
- 주인공이나 등장인물에게 해주고 싶은 말은?
- 책 소감을 다섯 글자로 말한다면?
- 이 책에 별 하나부터 별 다섯까지 별점을 매긴다면?
- 이 책을 읽고 내 삶에 적용하고 싶은 점은?
- 작가가 이 책을 쓴 이유는 무엇일까요?
- 책을 읽은 소감이 어떤가요?

그림책을 아이들에게 어떻게 보여주나요?

 가장 좋은 것은 아이들이 칠판 앞에 나와 옹기종기 앉아 책을 가까이에서 보고 질감과 색감을 느끼도록 하는 것입니다. 교사가 아이들의 반응을 가까이에서 관찰하고 상호 작용을 하기에도 수월하지요.

 체육 시간에 사용하는 원마커에 번호를 쓰고 간격을 띄워 교실 바닥에 원마커를 배치하는 방법도 활용합니다. 앉을 번호를 정해 주면 소란스럽지 않게 책 읽을 준비가 됩니다.

 과밀 학급이나 거리두기 상황에서는 실물 화상기를 활용하여 TV 화면으로 함께 보면서 읽어도 됩니다. 실물 화상기에 비추면 화면을 확대하거나 축소하기 쉽고 특별한 준비가 필요하지 않아 가장 수월한 방법입니다.

 읽어준 그림책은 따로 전시대 공간을 마련하거나 학급 문고에 비치해서 다시 볼 수 있도록 하면 좋습니다.

그림책을 읽어주는 요령이 있나요?

 먼저 표지 그림, 제목, 작가, 옮긴이, 출판사를 살펴봅니다. 표지 그림을 보고 제목이나 그림책 내용을 짐작해 보면 아이들은 그림책에 더욱 호기심을 갖습니다. 작가의 나라를 맞히는 활동도 좋아합니다. 표지를 넘기면 면지(책의 앞뒤 표지 안쪽에 있는 지면)와 속표지(앞면지 다음

에 있는 표지)가 나오는데 요즘은 면지에 그림책과 관련한 정보를 담아두기도 하므로 면지도 살펴보면 아이들이 흥미로워합니다.

내용을 읽어줄 때는 능란한 구연보다는 천천히 자연스러운 말투로 읽어주면 좋습니다. 목소리의 강약 조절, 등장인물의 표정과 목소리, 문장부호의 느낌, 몸짓을 적절히 흉내내어 실감나게 읽어주면 아이들이 더욱 집중하고 이야기에 빠져듭니다. 교사 혼자서 일방적으로 읽는 것이 아니라 시선은 아이들을 향하여 맞추고 반응을 살피는 것도 잊지 마세요.

그림책의 이해를 돕기 위해 때로는 교사가 발문을 할 수 있고 아이들이 궁금한 것을 질문할 수도 있습니다. 아이들의 생각을 확장시키는 발문을 적절히 하되 교사보다는 아이들이 질문을 많이 할 수 있도록 편안하고 자유로운 분위기를 만드는 것이 좋습니다. 교사의 생각을 정답처럼 주입하지 않도록 "여러분은 어떻게 생각하나요?"와 같이 아이들의 생각을 물어보면 다양한 답변을 얻을 수 있답니다. 이렇게 아이들과 대화를 주고 받으며 서로의 감정에 공감하고 경험을 나누면서 위로도 얻고 소통의 기회를 가질 수 있습니다.

같은 주제의 그림책이나 같은 작가의 그림책을 모아서 읽어줘도 좋습니다. 글밥이 너무 많은 그림책은 글을 그대로 읽어주기보다 교사가 먼저 읽고 이야기를 간추려 들려주면서 간간이 그림을 보여주는 방법도 아이들이 흥미 있어 합니다.

그림책은 선생님이 다 읽어주나요?

그림책을 읽어줄 때는 교사가 처음부터 끝까지 다 읽을 수도 있으나 학생과 번갈아가면서 읽을 수도 있고, 설명글은 교사가 대화체는 학생이 읽을 수도 있습니다. 모둠 수만큼 책이 준비가 될 때는 모둠원끼리 돌아가면서 읽을 수도 있고 모둠 대표가 모둠원에게 이야기를 들려주는 방법도 있지요.

전기수는 조선시대에 사람들이 모인 곳에서 직업적으로 소설을 낭독하던 이야기꾼인데, 학급에서 전기수를 뽑아 해당 학생이 이야기를 읽어줄 수도 있습니다. 이야기의 등장인물이 많을 때는 역할을 정해 여러 명이 이야기를 읽기도 합니다. 아이들이 책읽기에 참여하면 교사의 부담이 줄고 아이들은 더욱 적극적으로 그림책 수업에 참여합니다.

그림책은 언제 읽어주나요?

2015 개정교육과정부터 '독서교육'이 정규 수업 시간으로 들어왔습니다. 초등학교 3학년부터 진행되는 '한 학기 한 권 읽기'입니다. 한 학기에 3~4학년은 8시간 이상, 5~6학년은 10시간 이상 독서 단원 수업이 배정되어 있어요. 따라서 국어 독서 단원과 창체 시간에 배정된 독서 교육 시간을 활용하면 좋습니다.

또 관련 교과와 연계하여 그림책을 읽어줄 수 있습니다. 예를 들면,

국어 토론 차시에서 《책가방》을 읽고 왕따 문제에 대해 토론 수업을 할 수 있습니다. 도덕 시간에는 《이건 내 모자가 아니야》를 읽고 정직에 대해 이야기를 나눕니다. 실과의 시간 관리 차시에는 《시간은 꽃이야》를 연계하여 수업할 수 있지요.

이렇게 독서 단원, 창체 시간, 교과 연계를 활용하면 많은 그림책을 읽어줄 수 있습니다.

3월 초 학급 세우기를 할 때는 그림책 읽어주는 시간을 늘리고, 학기 말 교과 진도가 마무리되고 여유 시간이 생길 때도 그림책을 읽어줄 수 있습니다. 1교시가 국어 시간인 요일을 정하여 아침 독서 시간에 그림책을 틈틈이 읽어줄 수도 있지요. 수업이 빨리 끝나고 자투리 시간이 생길 때에도 그림책을 읽어주면 아이들이 좋아합니다. 아침 독서 시간이나 자투리 시간을 활용하여 1년 동안 꾸준히 읽어주다 보면 충분히 많은 그림책을 읽어줄 수 있습니다.

자투리 시간에 읽어주고 싶은 그림책을 2~3권 정도씩 그림책 바구니에 담아둔 뒤, 아이들이 읽어달라고 요청하는 책부터 읽어주는 것도 좋습니다. 아이들도 친구들과 함께 읽고 싶은 그림책이 있으면 도서관에서 대출하거나 가정에서 가져와 그림책 바구니에 담아 둡니다. 직접 읽어주기를 희망하는 아이들은 낭독 연습을 해와서 친구들에게 들려줍니다. 자투리 시간에 친구들이 읽어주는 그림책에 호기심을 많이 보이고, 저학년일수록 그림책을 읽어주는 전기수 활동에 적극적입니다.

독후 활동을 꼭 해야 하나요?

《시소》,《가드를 올리고》그림책을 쓴 고정순 작가의 강연에 참여한 적이 있습니다. 작가님은 그림책이 많은 선생님들에게 사랑받고 교육 활동에 활용되고 있어 좋지만 한편으로는 그림책이 교육적 도구가 되는 것을 염려하셨어요. 교육적 목적, 의도 없이 아이들이 그림책 자체를 즐기고 향유할 수 있기를 바란다고 하셨지요.

저 역시 그림책 수업이 지나친 독후 활동 때문에 학습으로 여겨지지 않으면 좋겠다는 생각입니다. 그래서 글로 쓰는 독후 활동 외에 아이들의 호기심과 흥미를 끄는 다양한 독후 활동을 진행하려고 했지요. 미술 활동, 연극 활동, 소감 나누기, 신체 표현, 토의토론, 놀이 등을 독후 활동으로 하면 아이들이 매우 즐겁게 참여합니다. 부담이 되지 않는 선에서 간단한 발표나 메모를 활용하기도 했습니다. 꼭 글로 쓰는 것이 아니더라도 다양한 독후 활동을 통해 그림책을 더 깊게 이해하고 소화할 수 있답니다.

끝까지 읽어주어야 하나요?

때로는 끝까지 다 읽어주지 않아도 됩니다.

아이들에게 읽어주려고 골랐지만 아이들의 흥미를 끌지 못하는 책도 있어요. 그런 책은 몇 장만 읽어주고 그만 읽어주어도 됩니다. 아이들에게 계속 읽을지, 중단할지 물어봐도 좋아요. 지루한 그림책을 읽어주는 일이 반복되면 그림책 읽는 시간이 싫어질 수도 있으니까요.

그림책은 표지부터 면지, 이야기 장면을 가지고도 많은 이야기를 나눌 수 있어요. 그래서 그림책 한 권을 읽어주는 데 시간이 많이 걸리기도 합니다. 물론 질문이나 소통 없이 무작정 읽어주기만 하면 금방 다 읽어줄 수도 있지요. 같은 그림책을 읽는 데 10분이 걸릴 수도 있고 30분이 걸릴 수도 있습니다. 그런데 정해진 시간 안에 끝까지 다 읽어줘야 한다는 생각으로 아이들의 질문을 막는 경우가 있어요. 이야기의 흐름에 방해가 되지 않는 정도에서 자연스럽게 질문과 대화를 주고받으며 그림책을 읽는 것이 재밌습니다.

만약 시간 안에 다 읽지 못하면 나머지 부분은 학생의 몫으로 남겨두어도 좋습니다. 특히 다음 이야기가 궁금한 장면에서 멈추면 아이들이 다음 책 읽어주는 시간을 기다립니다. 스스로 책을 찾아 읽는 아이들도 있고요. '한 번에 끝까지 읽어줘야 한다', '정해진 시간 안에 다 읽어줘야 한다'는 부담감을 버리고 융통성 있게 읽어주는 양을 조절하면 됩니다.

읽어주는 속도는 어느 정도가 적당할까요?

속도를 빠르지 않게 읽어줍니다. 저학년일수록 또박또박 천천히 읽어주는 것이 좋습니다. 아이들은 이야기를 들으면서 그림을 감상합니

다. 너무 빠르게 책장을 넘겨버리면 아이들이 그림을 감상할 시간이 부족합니다.

그림책은 그림의 힘으로 이야기를 이끌어가기 때문에 글자가 아니라 그림을 보라고 미리 당부합니다. 그리고 그림을 충분히 살필 수 있도록 시간적 여유를 주어야 합니다.

'깡충깡충', '엉금엉금' 같은 흉내 내는 말은 말의 느낌에 맞게 읽는 속도를 조절하면 좋습니다. 이야기의 메시지가 담겨 있거나 중요한 장면에서는 더 천천히 읽어주어야 내용을 이해하는 데 도움이 됩니다.

그림책 수업을 위한 준비물이 있나요?

선생님이 먼저 읽고, 아이들에게 들려주고 싶은 마음이 생기는 그림책이 준비되셨나요? 한 권씩 읽어주다 보면 읽어주고 싶은 그림책이 점점 많아지실 거예요. 다양한 독후 활동도 해보고 싶다는 생각도 들지요. 이때 선생님의 그림책 수업에 자주 활용할 수 있는 몇 가지 준비물을 소개해 드릴게요. 준비물의 활용 방법은 본문에서 자세히 설명하고 있습니다.

먼저, 마이크입니다. 마이크 없이 그림책 한 권을 읽어주다 보면 목이 잠길 때가 있어요. 선생님의 목소리가 작으면 아이들이 이야기에 집중하기가 힘들죠. 흉내 내거나 실감나는 표현을 할 때도 마이크가 도움이 됩니다. 아이들이 읽어줄 때도 마이크를 사용하면 전달력이 좋아져요.

  그림책은 실물 화상기에 비추고 TV 화면을 통해 보여줍니다. 간단히 생각을 기록할 때는 주로 포스트잇과 씽킹보드를 이용하고요. 이미지 카드, 스토리텔링 카드, 감정 카드를 구비하여 수업에 활용하면 아이들의 새롭고 다양한 생각을 이끌어내는 데 도움이 됩니다. 엽서 크기의 블랭크 카드나 캘리그라피 용지는 간단한 그림이나 캘리그라피 표현 활동에 활용합니다. 무지 스크랩북(5P)은 나만의 그림책을 만들 때 사용하면 좋아요. 미니 이젤(나무이젤 또는 와이어이젤)을 준비하여 읽어 준 그림책을 전시해 두면 아이들이 그림책을 다시 들춰보면서 관심을 갖습니다.

아이들과 처음 만나는 3월부터 헤어지는 2월까지,
그림책은 학급운영의 든든한 지원군이 되어주었습니다.
그림책은 아이들과의 만남을 더욱 설레게 하고
일 년을 잘 꾸릴 수 있다는 자신감을 주었지요.

Part 2
달마다 만나는 그림책

3월
새로운 만남, 인사 예절을 배워요!

> 이래서는 안 돼. 우리가 바뀌어야 해.
> 먼저 인사를 해 보자.

《왜 인사해야 돼?》 엘리센다 로카 글,
크리스티나 로산토스 그림, 김정하 옮김, 노란상상

"인사를 안 하면 진짜 투명 인간이 될 수도 있어요?"

"인사를 안 하면 아무도 나를 봐주지 않으니까 투명 인간이 되는 것과 같지."

"투명 인간이 되기 전에 제가 먼저 인사할 거예요."

책을 읽고 내가 먼저 인사할 거라고 이야기한 아이가 있었어요. 인사를 하지 않으면 다른 사람에게 나의 존재가 보이지 않는다는 것을 깨달은 거지요. "왜 인사해야 돼?"라는 질문은 아이들이 인사하는 이유를 알고 행동으로 실천하게 만듭니다.

새로운 선생님과 새로운 친구들을 만나는 3월, 인사를 통해 서로 금세 친해지고 먼저 인사하는 마음을 갖게 하는 그림책 수업을 해보면 어떨까요?

이런 내용이에요!

단짝 친구인 마르틴과 노라가 주인공입니다. 마르틴과 노라의 공통점은 절대 인사를 하지 않는다는 거예요. 두 주인공은 인사를 하지 않아서 유령처럼 투명 인간이 되어버리죠. 아무도 자신들을 알아보지 못하는 악몽 같은 일을 경험합니다. 이후 다행히 마르틴과 노라가 지나가던 사람들에게 먼저 인사를 하면서 본래 모습으로 돌아오게 돼요. 이 책은 '인사를 하지 않으면 투명 인간이 된다'는 상상력으로 아이들에게 인사의 중요성을 깨닫게 해요. 유령이 되어버리기 전에 지금 바로 인사를 시작해 보라고 권합니다.

읽기 전 활동

- **책 제목 일부 맞히기**

제목의 일부 단어를 포스트잇으로 가린 후 표지 그림의 등장인물에 대해 살펴본다. 표지 그림을 보고 어떤 제목일지 추측하며 함께 이야기 나눈다.

1. 책 제목 중 '인사'를 포스트잇으로 가리고 표지를 보여준다.
2. 표지 그림을 보여주면서 주인공은 누구인지, 두 명의 남자 어른은 누구인지, 아이들이 입을 가리고 있는 이유는 무엇인지 질문하고 학생들은 이에 대해 자유롭게 발표한다.

3   표지의 등장인물을 관찰한 후 포스트잇으로 가린 단어를 추측하여 각자 공책에 쓴다.
4   두더지 발표로 추측한 단어를 발표한다. (학생 전체가 일어선 뒤 발표하고 싶은 학생은 손을 든다. 선생님의 지명을 받은 학생이 추측한 답을 발표하고 자리에 앉는다. 이때 같은 답을 쓴 학생들도 함께 자리에 앉는다. 정답이 나올 때까지 발표를 이어간다.)
5   정답이 나오지 않으면 힌트를 준다. (예 : 아침에 우리가 만났을 때 하는 말이나 행동입니다. 초성이 'ㅇㅅ'입니다.)

읽기 중 활동

실물 화상기를 통해 그림책을 보여주고 선생님이 한 장씩 넘기며 읽어준다. 읽으면서 표지에서 보았던 4명의 인물이 누구인지 확인한다. 26~27면을 읽어준 뒤에는 마르틴과 노라가 인사를 하지 않아서 어떤 일이 일어났을지 상상하여 짝과 이야기 나눈다. 짝과 이야기 나누기 활동이 끝나면 발표 희망자는 전체 앞에서 발표한다.

읽기 후 활동

● **브레인 라이팅**
인사하는 이유를 포스트잇에 써서 발표하고 칠판에 붙인다. 포스트잇을 붙일 때는 자신의 생각과 동일하거나 비슷한 것이 있으면 이어 붙이거나 함께 분류하여 붙인다.

1. 포스트잇에 자신의 이름과 인사를 해야 하는 이유를 적는다. 이유가 여러 개라면 여러 개의 포스트잇을 활용해서 하나씩 적는다.
2. 모둠별로 나와서 이유를 차례대로 발표하고 칠판에 가로 방향으로 포스트잇을 붙인다. 이유가 같거나 비슷한 경우, 같은 내용이 적힌 포스트잇 아래에 붙인다.
3. 포스트잇을 보고 가장 많이 나온 의견순으로 선생님이 인사하는 이유를 읽어준다.
4. 포스트잇은 게시판에 옮겨 일주일간 게시한다.

● **인사 역할극하기**

일상생활에서 많이 사용하는 인사말을 찾는다. 두 사람씩 짝을 짓고 인사말을 넣은 역할극을 만들어 발표한다.

1. 학생들은 학교나 가정에서 많이 사용하는 인사말을 자유롭게 발표한다.
2. 2명씩 짝을 지어 5분 동안 인사하는 역할극을 만든다.
3. 짝과 함께 교실 앞에 나와서 상황에 어울리는 인사말을 사용하여 역할극을 한다.
4. 역할극을 보는 학생들은 인사하는 친구들의 표정, 몸짓, 태도를

관찰하도록 안내한다.
5 친구들의 인사하는 모습에서 칭찬할 점을 찾아 발표한다.

● **가위바위보 인사 기차놀이**

친구들과 인사 놀이를 통해 친해지는 기회를 갖는다. 가위바위보를 해서 진 사람과 이긴 사람이 인사를 주고받는다. 진 사람은 이긴 사람 뒤로 가서 기차를 만들고 한 줄 기차가 될 때까지 계속 놀이를 반복한다.

1 '산토끼' 노래를 부르면서 돌아다니다가 노래가 끝나면 옆에 있는 친구와 가위바위보를 한다.
2 진 사람이 먼저 "안녕? 만나서 반가워, 난 ○○야."라고 인사하면 이긴 사람은 "안녕? 나도 반가워, 난 ○○야."라고 인사한다. 진 사람은 이긴 사람 뒤로 가서 어깨에 손을 올리고 한 팀이 된다.
3 '산토끼' 노래를 부르면서 돌아다니다가 노래가 끝나면 팀끼리 만나 가위바위보를 한다. 진 팀은 이긴 팀 뒤로 가서 어깨에 손을 올리고 한 팀이 된다.

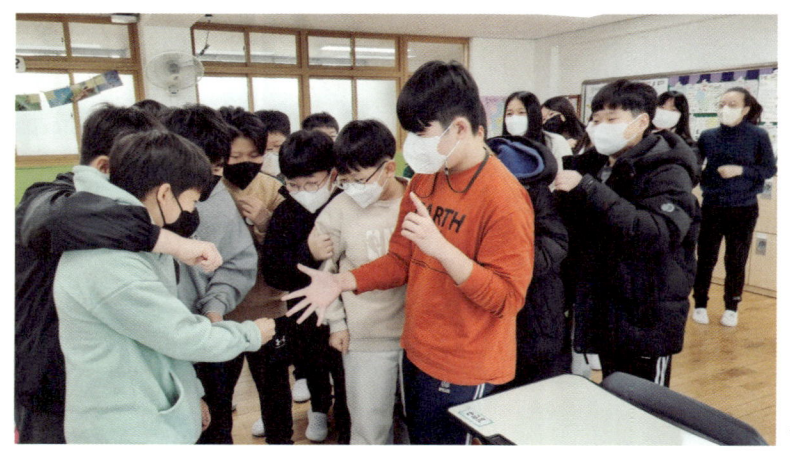

4 마지막 두 팀이 남으면 맨 앞사람은 3판 2선승제 가위바위보를 한다.

5 승패가 결정되면 한 줄 기차가 되어 "○학년 ○반 친구들아, 만나서 반가워!"를 5번 함께 외치며 큰 원으로 한 바퀴 돌고 활동을 마친다.

TIP

앞사람을 따라가다가 넘어지거나 다치지 않도록 맨 앞사람은 천천히 이동하도록 안내해요. 가위바위보로 팀이 만들어지면 잠시 기다리도록 당부해요. 중간중간 교사의 '출발' 신호에 맞춰 가위바위보할 친구를 찾아가야 기차 인원수가 같아요. 고학년은 '산토끼' 노래를 거꾸로 부르도록 하면 더 즐겁게 놀이에 참여해요. 강당이나 운동장 놀이로도 진행할 수 있어요.

수업을 마치고

인사는 상대방과 더욱 친해지는 방법 중 하나예요. 상대방을 존중하고 배려하는 가장 쉬운 방법이고, 누구나 금세 배울 수 있는 예절입니다. 아주 간단하고 짧은 인사 한마디로 우리는 즐거워지는 경험을 할 수 있습니다. 만나는 사람들에게 반갑게 인사를 하면 서로의 기분이 좋아지고 좋은 관계 맺기의 시작이 되지요.

"저희 아이는 친구들을 만나면 인사를 안 해요. 친구가 인사를 해도 인사를 안 해요."라며 아이가 인사를 하지 않아서 걱정이라는 학부모가 있었습니다. 이처럼 모든 아이들이 인사를 잘 하는 건 아닙니다. 부끄러워서, 인사 습관이 만들어지지 않아서, 인사의 중요성을 몰라서 인사를 하지 않는 아이들도 있습니다.

이 책을 읽고 아이들은 '인사는 필수'이고, 친구들이나 이웃, 만나는 사람들에게 내가 먼저 인사를 하겠다고 약속했습니다. 인사하는 이유에 대해 충분히 이야기를 나누고 나니 아이들은 더 밝고 당당하게 인사하는 모습을 보였지요. 아침마다 교실에 들어서는 아이들의 환한 인사에 선생님의 마음도 환해집니다. 아이들의 인사를 무작정 기다리지 않고 이제 교사인 제가 먼저 아이들에게 인사를 건네보겠다는 다짐도 합니다. "○○야, 안녕? 좋은 아침이야!"라고요.

4월
장애이해교육, 더불어 사는 아름다운 세상

내가 여기에 있어요. 아무라도 좋으니…… 위를 봐요!

《위를 봐요!》 정진호 글·그림, 현암주니어

"우산이 왜 다 검정색이에요?"

우산들의 행렬이 나오는 장면에서 한 아이가 질문을 했어요. 사실은 우산뿐만 아니라 나무도 길도 사람도 다 검정색이에요. 흑백 TV처럼요. 이어진 그림은 지나가는 사람들의 머리 모습이 점점 뿌옇고 어두워져요. 이 장면을 보고 이야기를 나누었어요.

"아무도 수지를 봐주지 않아서 수지 눈에 눈물이 고인 것 같아요."

"수지의 외로운 마음을 표현한 것 같아요."

내가 만일 수지처럼 다리를 다쳐서 마음대로 움직일 수 없다면 어떨까? 베란다에서 휠체어를 탄 채 혼자서 지나가는 사람들의 머리밖에 볼 수 없다면 어떨까? 수지의 입장이 되어 생각해 보았지요. 장애를 가진 사람, 나와는 다른 사람에 대해 관심을 갖고 공감하는 시간을 가져보았어요.

이런 내용이에요!

가족 여행 중에 교통사고로 다리를 잃은 수지의 이야기입니다. 휠체어를 탄 수지는 고층 베란다에서 아래를 내려다봐요. 지나가는 사람들은 개미처럼 검정 머리만 보이지요. 누군가 자신을 올려다보기를 바라던 어느 날, 한 아이가 수지를 올려다봅니다. 그리고 잘 보이도록 수지를 위해 길에 누워주지요. 지나가던 사람들도 수지를 위해 함께 눕습니다. "모두 위를 봐요!"라고 외치면서. 흑백 그림이 계속되다가 마지막 장면에서 나무는 분홍 꽃잎을 달고 풍선도 알록달록해집니다. 수지의 베란다 화분에는 연둣빛 어린 싹이 돋아나지요. 장애와 비장애의 구분 없이 더불어 살아가는 아름다운 세상이 시작됩니다.

읽기 전 활동

- **함께 동요 부르기**

'넌 나의 친구야'(이호재 글, 곡) 동요 영상을 함께 시청하며 따라 부른다. 이 곡은 '우리는 서로 다르지만 모두 친구가 될 수 있다'는 이야기를 담고 있다. '우리에게 필요한 건 특별한 관심보단 편견 없이 날 바라볼 따스한 너의 눈망울. 몸이 불편해도 조금은 느려도 그런 게 중요하나요. 작은 손 내밀어 마음을 보여준 넌 나의 친구야.'라는 노랫말이 나온다. 유튜브 '흥딩스쿨' 채널에서 '넌 나의 친구야'를 검색해 율동과 함께 불러도 좋다.

● **표지 보며 이야기 나누기**

앞표지, 뒤표지가 동시에 보이도록 표지를 펼친 후 이야기를 나눈다. 선생님의 질문을 통해 그림책의 내용을 상상한다.

Q 표지에 있는 그림은 무엇일까요?

Q 왜 사람들 머리만 보일까요?

Q 얼굴이 보이는 아이를 찾아보세요. 얼굴이 보이는 아이가 "위를 봐요!"라고 외치는 이유는 뭘까요?

읽기 중 활동

실물 화상기를 통해 그림책을 보여주고 선생님이 한 장씩 넘기며 읽어준다. 선생님이 이야기를 읽어줄 때는 그림을 집중해서 보도록 당부한다. 중간에 이야기의 이해를 돕기 위해 다음과 같은 질문을 한다.

Q (19~20면) 아무도 수지를 올려다보지 않고 지나갈 때 수지 마음은 어땠을까요?

Q (23~24면) "그럼 이건 어때?" 하고 남자아이는 어떤 행동을 했을까요?

Q (35~36면) 지나가던 사람들이 수지를 위해 모두 함께 누웠을 때 수지 마음은 어땠을까요?

Q (39~40면) 마지막 장면에서 수지는 베란다에 없어요. 어디에 있을

까요?

Q (39~40면) 마지막 장면에서 그림에 색깔이 칠해지고 작은 화분에 싹이 돋아난 이유는 무엇일까요?

읽기 후 활동

● **주인공 인터뷰하기(핫시팅)**

핫시팅은 학생 중 1명이 이야기 속 인물이 되어 의자에 앉고 청중의 질문에 답을 하는 인터뷰 형태의 활동이다. 수지와 수지를 처음 올려다본 남자아이를 선정하여 인터뷰를 진행한다.

1. 교실 앞쪽에 의자 1개를 준비하고, 수지 역할을 할 학생 1명을 희망자 중에서 선정한다.
2. 수지 역할을 맡은 학생은 앞쪽 의자에 앉는다.
3. 다른 학생들은 수지에게 궁금한 점을 물어본다.
4. 질문자는 수지 역할을 맡은 학생이 선정하거나 선생님이 지정할 수도 있다.
5. 수지 역할을 맡은 학생은 수지의 입장이 되어 질문에 답변한다.
6. 수지 인터뷰가 끝나면 수지를 처음 올려다본 남자아이 역할을 할 학생을 정하여 같은 방법으로 진행한다.

🅣🅘🅟 핫시팅 활동 시 유의점

- 책상은 ㄷ자 대형으로 배치하는 것이 인터뷰 활동을 할 때 집중도가 높아요.
- 주제에 벗어난 질의응답이 생길 경우 선생님이 참여하여 주제를 벗어나지 않도록 하고 장난을 하지 않도록 당부해요.
- 역할 부담을 줄이기 위해 주인공을 2명이 함께 맡을 수도 있어요.
- 여유 의자 1개를 비치한 뒤 질문자가 나와서 주인공의 답변을 도울 수도 있어요.
- 활동이 끝난 뒤에 주인공 역할을 한 친구를 놀리는 일이 없도록 당부해요.

● **수지에게 편지쓰기**

장애를 가진 친구에게 마음을 전하는 활동이다. 수지의 입장을 이해하고 힘과 위로를 주는 글을 쓴다.

1 원하는 색깔의 색종이를 1장씩 가져간다. 수지에게 하고 싶은 말, 응원의 말을 쓰고 자신의 이름을 마지막에 쓴다.
2 편지를 다 쓴 후 비행기를 접는다. (장애인 체험으로 한 손으로 비행기 접기를 할 수도 있다. 혼자 접기가 힘들다면 두 사

람이 짝을 지어 서로 도움을 준다.)

3   다 함께 하나, 둘, 셋을 외치고 동시에 비행기를 날린다. 수지가 교실 앞에 있다고 상상하고 수지에게 비행기를 날려 보낸다. 교실 중간에 떨어진 비행기는 칠판 앞까지 다시 날린다.

4   학생 1명이 비행기 중 하나를 골라 색종이를 펼쳐서 편지를 읽는다. 편지를 쓴 친구에게 색종이를 전하고 색종이를 받은 친구는 앞에 나와 비행기 하나를 고른다.

5   릴레이로 4번 활동에 모두 참여한 후 활동을 마친다.

● **장애 체험하기**

장애인의 입장이 되어보는 체험 활동을 한다. 장애의 어려움은 경험하지 않으면 알 수 없기 때문에 체험을 통해 장애인의 어려움에 공감할 수 있도록 한다.

1   강당이나 운동장에 반환점 2개를 만들고 두 팀으로 나눈다.

2   2인 1조로 한 사람은 안대를 쓰고 한 사람은 길을 안내하여 반환점을 돌아온다.

3   역할을 바꾸어 한 번 더 반환점을 돌아온다.

4   승패와 상관없이 서로 도우며 안전하게 반환점을 돌아오도록 안내한다.

5   활동 후 소감을 발표한다.

Tip

장애 체험 활동은 한 손으로 친구와 협력해서 색종이 접기, 안대 쓰고 자기 얼굴 그리기, 안대 쓰고 술래잡기, 휠체어 체험하기 등으로 변경할 수 있어요.

수업을 마치고

4월 20일 장애인의 날, 매년 장애이해교육을 실시합니다. 교통사고로 장애를 갖게 된 수지의 이야기는 장애가 어느 날 갑자기 누구에게나 찾아올 수 있는 일이라는 것을 깨닫게 해주었어요.

아이들은 종이비행기 가득 수지에게 응원의 글을 남겼지요. '친구가 되어줄게.', '내려가지도 못 하고 많이 답답할 것 같아.', '힘내! 나도 누워서 너를 봐줄게!', '새싹처럼 희망을 갖자.', '수지야, 넌 혼자가 아니야!'라고요.

장애 체험으로 종이비행기를 한 손으로 접어보자고 했더니 수지를 도와준 아이가 있었던 것처럼 친구랑 한 손씩 도우며 비행기를 접고 싶다고 했어요. 부족한 것을 서로 채워주려는 아이들 마음이 기특했습니다. 둘이서 비행기를 접으니 혼자 접는 것보다 덜 예쁘고 힘들었지만 같이 해낸 것이 뿌듯하다고 했지요.

2021년 개봉한 다큐멘터리 최고 흥행작 〈학교 가는 길〉을 보셨나요? 2022 서울학습연구년 연수를 받으면서 알게 된 다큐 영화예요. '영화로 만나는 교육 이야기' 강연의 강사가 〈학교 가는 길〉의 김정인 감독이었습니다. 강서구에 위치한 특수학교인 '서진학교'가 건립되기까지 험난한 5년의 시간을 기록한 영화지요. 장애인학부모연대 학부모들은 특수학교 건립을 반대하는 주민들 앞에서 무릎까지 꿇고 학교 건립을 허락해 달라고 울며 애원합니다. 이날 김정인 감독의 마지막 말이 가슴에 많이 남았어요.

"선생님이 어떻게 대하는가에 따라 특수한 아이가 특별한 아이가 됩니다."

교실에서 자폐스펙트럼, 다운증후군, ADHD(주의력 결핍 과잉 행동 장애) 등 개별 학습이 필요한 아이들을 만날 때가 있어요. 다인수 학급에서 이런 아이들을 만나면 담임 교사의 고충이 크지만 다름을 이해하고 존중하는 마음을 배울 수 있는 소중한 기회가 되기도 합니다.

5월

부모님께 감사와 사랑을 표현해요

> 뭐든지 말씀만 하세요. 제가 다 해드릴게요.

《내 이름은 자가주》 퀜틴 블레이크 글·그림,
김경미 옮김, 마루벌

"집을 어지럽히면서 노는 코끼리가 저 같아요."
"우리 동생도 맨날 새끼 독수리처럼 시끄럽게 울어요."
"엄마, 아빠는 진짜 힘들겠어요."

아이들은 그림책에서 아기가 자라면서 동물로 변신하는 장면이 나올 때마다 놀랐어요. 끔찍하게 우는 새끼 독수리와 아무것에나 달려드는 멧돼지, 불을 뿜는 용을 보고 자신의 성장 과정을 떠올렸어요. 그리고 '우리 엄마, 아빠도 저렇게 나를 키우시는구나.' 하고 느꼈지요. 철이 들고 성장한 아들이 늙은 부모님에게 "뭐든지 말씀만 하세요. 제가 다 해드릴게요."라고 말하는 장면에서는 부모님께 어떤 딸, 어떤 아들이 되고 싶은지 함께 이야기를 나누었습니다.

이런 내용이에요!

알콩달콩 행복하게 사는 부부에게 소포가 배달됩니다. 소포 안에는 '자가주'라는 분홍빛 아기가 들어 있어요. 자가주는 온갖 동물로 변하면서 성장합니다. 어른이 되어가는 사춘기 시기에는 털복숭이로 변해 점점 이상해지지요. 부부는 그런 자가주를 보살피느라 흰머리가 나고 몸은 늙어가요. 그러던 어느날, 자가주는 반듯한 청년이 되어 부모님을 챙기고, 사랑하는 아가씨를 데려옵니다. 부모님은 늙은 펠리컨이 되어 있지요. 이 책은 부모가 되어 아이를 키우고, 아이가 자라 어른이 되어 부모를 돌보는 이야기예요. 가족의 인생이 파노라마처럼 펼쳐집니다.

읽기 전 활동

- **'부모님' 하면 떠오르는 것은?**

'엄마, 아빠께'(박민식 작사, 강동수 작곡) 동요을 들으며 공책에 '부모님 하면 떠오르는 단어 5가지'를 쓴다. 해당 단어를 쓴 이유와 함께 발표한다.

- **표지 그림 맞히기**

그림책 표지에서 주인공 '자가주'를 포스트잇으로 가린 후 선물 포장지 안에서 무엇이 나올지 상상하며 이야기 나눈다.

읽기 중 활동

실물 화상기를 통해 그림책을 보여주고 선생님이 한 장씩 넘기며 읽어준다. 큰따옴표가 있는 대화체가 나오면 학생 전체가 한 목소리로 실감 나게 읽는다. 선생님은 열린 질문으로 학생들과 대화하면서 이야기를 읽어준다.

Q (21~22면) 자가주가 여러 동물로 변한 이유는 무엇일까요? 등장하는 동물 중에 여러분을 닮은 동물이 있나요? 가족에게 보살핌을 받은 경험 중 생각나는 일이 있나요?

Q (27~28면) 부모님이 펠리컨처럼 나이가 들면 어떤 기분일까요? 늙은 부모님을 위해 우리가 할 수 있는 일은 무엇이 있을까요?

읽기 후 활동

● **인상 깊은 장면 선정하기**

포스트잇에 가장 인상 깊은 장면과 그 장면을 고른 이유를 쓴다. 포스트잇을 그림책 해당 장면에 붙인 후 포스트잇이 가장 많이 붙은 장면 3개를 선정한다.

1 가장 인상 깊은 장면을 고르도록 안내하고 다시 한 번 그림책을 넘기며 각 장면을 보여준다.

2 학생들은 포스트잇에 가장 인상 깊은 장면과 그 이유를 쓴다.
3 모둠별로 나와 포스트잇에 쓴 내용을 발표하고 해당 페이지에 포스트잇을 붙이고 들어간다.
4 전체가 3번 활동을 마치면 포스트잇이 가장 많이 붙은 순서대로 세 장면을 골라 인상 깊은 장면 Top 3를 선정한다.
5 수업을 마친 후에도 포스트잇은 책에 계속 붙여두고 아이들이 그림책을 빌려 읽을 때 함께 보도록 한다.

● **설문 조사 토의토론**

언론이나 기관에서 조사한 어버이날 관련 설문 조사 항목(어버이날 부모님이 받고 싶은 선물, 부모님이 자녀에게 듣고 싶은 말, 부모님을 생각하면 가장 먼저 떠오르는 단어 등)을 소개하고, 설문 조사 결과를 모둠별로 예측하여 맞힌다.

1 선생님은 설문 조사의 출처를 밝히고 질문 항목을 하나씩 제시한

다. 이때 조사 결과는 가려둔다.
2. 모둠별로 의논하여 설문 조사 결과를 예측하여 맞힌다. 육각씽킹보드에 1위~5위까지 답을 쓴다.
3. 답을 쓴 씽킹보드를 칠판에 붙인다.
4. 설문 조사 결과를 확인한다. 1위 정답을 맞히면 50점, 2위 정답을 맞히면 40점, 3위 정답을 맞히면 30점, 나머지 정답에는 20점을 부여한다.
5. 설문 주제별로 2~4번 활동을 반복한다.

Tip

설문 조사 항목은 포털사이트에서 '어버이날 설문 조사'로 검색하면 (검색 조건 : 이미지) 쉽게 찾을 수 있어요.

● **효도 일기 쓰기**

어버이날과 연계하여 부모님을 기쁘게 해드리는 말이나 행동을 하고 짧은 일기를 쓴다. 효도 일기를 통해 부모님께 감사한 마음을 표현하는 방법을 익힌다.

1. 일주일 동안 부모님을 기쁘게 해드리는 일(집안일 돕기, 안마하기, 칭찬해 드리기 등)을 실행하고 일기장에 기록한다. 이때 부모님의 반응도 함께 기록한다.
2. 선생님은 매일 아침 효도 일기를 확인하고 예시로 잘 쓴 일기를

소개한다. 단, 학생이 일기 공개를 희망할 경우에만 진행한다.
3   일주일간 효도 일기 쓰기를 마친 후 소감을 발표한다.

TIP 효도 쿠폰으로 효도하기

A4 용지에 가로 두 칸, 세로 네 칸 총 여덟 칸 표를 만들어 한 장씩 나누어 주어요. 각 칸에 효도할 내용을 쓰고 부모님 확인란을 만듭니다. 그림을 그리거나 꾸미기를 하여 효도 쿠폰을 완성해요. 5월 한 달 동안 효도 쿠폰 8칸에 부모님 확인을 받아오면 보상을 합니다.

수업을 마치고

부모님께 드릴 카네이션을 만들고 감사 편지를 쓰기 전에 먼저 《내 이름은 자가주》를 읽고 부모님에 대해 생각하는 시간을 가졌어요.
아이들이 뽑은 가장 인상 깊은 장면은 마지막 장면이었어요. 성장한 자가주와 여자 친구가 늙은 펠리컨으로 변한 부모님을 모시고 걸어가는 장면이지요. 가정이 화목해 보여서 좋았고 우리의 미래도 저러면 좋을 것 같다고 했어요.
설문 조사 토의토론으로 부모님이 받고 싶은 선물, 듣고 싶은 말도 생각해 보았어요. 지금은 돈을 드리거나 값비싼 물건을 사드릴 순 없지만 대신 감사의 마음을 담아 정성껏 편지를 썼습니다. 어버이날 아침, 희망하는 아이들은 핸드폰으로 부모님께 감사 문자도 보냈습니다.
'엄마 아빠께'(박민식 작사, 강동수 작곡) 동요를 뮤직비디오로 만들어 노

1학년들이 만든
'엄마 아빠께' 뮤직비디오

5학년들이 만든
'엄마 아빠께' 뮤직비디오

래 편지를 보내드리는 활동도 했습니다. A4 용지를 가로 방향으로 두고 아래쪽에 동요 가사를 한 문장씩 써서 출력한 뒤 학생들은 노랫말에 어울리는 그림을 그립니다. 노랫말 순서대로 사진을 찍어 영상을 만든 후 학급 밴드나 유튜브로 학부모님께 전달했지요. "엄마야말로 저의 보물 1호예요.", "아빠는 저의 영원한 빛이에요."라는 노랫말이 부모님을 향한 아이들의 마음을 전해 주었습니다.

6월
지구온난화와 환경 문제를 생각해요

커다란 달이 똑똑 녹아내리고 있었습니다.

《달 샤베트》 백희나 글·그림, 책읽는곰

"달 샤베트 먹어보고 싶어요."
"사과와 레몬 섞은 맛이 날 것 같아요."

똑, 똑, 똑, 떨어지는 달 물로 샤베트를 만든다는 이야기에 아이들의 두 눈이 동그래져요. 이야기를 읽는 내내 시원하고 달콤한 샤베트를 상상합니다. 달 샤베트가 완성되었을 때, 그리고 달맞이꽃으로 하늘에 달이 피어날 때 아이들은 "와! 와!" 하며 감탄하지요.

지구는 왜 뜨거워지는 것일까? 지구가 뜨거워지면 무슨 일이 생길까? 지구가 뜨거워지지 않으려면 어떻게 해야 할까? 그림책을 덮고 나서 아이들의 호기심은 꼬리를 물고 이어졌어요. 뜨거워지는 지구를 걱정하면서 우리가 할 수 있는 일부터 찾아보았습니다.

이런 내용이에요!

늑대 아파트 주민들은 더운 여름날, 창문을 꼭꼭 닫고 에어컨을 쌩쌩, 선풍기를 씽씽 틀어놓고 잠을 청합니다. 그러자 바깥 기온은 점점 더 올라 달이 녹아내리기 시작해요. 반장 늑대 할머니는 뛰쳐나가 달 방울을 받아 샤베트를 만들지요. 전기를 너무 많이 써서 아파트는 정전이 되고 늑대 주민들은 밝은 빛이 나는 할머니 집으로 모여듭니다. 이웃들은 할머니가 나누어 준 달 샤베트를 먹고 선풍기, 에어컨 없이 창문을 열고 잠을 잡니다. 책을 읽으며 달 샤베트를 먹는 즐거운 상상도 하고요, 지구온난화와 에너지 절약, 환경 문제에 대해서 여러 가지 생각을 나눌 수 있는 책이랍니다.

읽기 전 활동

《달 샤베트》 내용과 관련된 질문을 통해 그림책에 대한 학생들의 사전 이해를 돕는다.

Q 정전이 되었던 경험이 있나요? 정전이 되었을 때 어떻게 했나요?
Q '어스아워(EarthHour)'라는 말을 들어본 적 있나요? 이렇게 하는 이유는 무엇일까요?

읽기 중 활동

실물 화상기를 통해 그림책을 보여주고 선생님이 한 장씩 넘기며 읽어준다. 그림책에 나오는 정전 장면처럼 교실 전등을 끄고 읽어주면 이야기 듣기에 더욱 몰입하고 환한 달빛도 생생하게 느낄 수 있다.

Q (13~14면) 달로 만든 샤베트는 무슨 맛일까요?
Q (19면) 똑, 똑, 똑, 문 밖에서 누가 노크했을까요?
Q (21~22면) 늑대 할머니는 토끼를 위해 어떤 방법으로 달을 만들까요?

읽기 후 활동

● **달 샤베트 만들기**

주스를 이용하여 달 샤베트를 만든다. 더운 여름날, 실제로 달 샤베트를 만들어 먹으면 더위도 식히고 흥미로운 그림책 수업이 된다. 샤베트를 만드는 틀은 선생님이 모둠별로 준비하거나 학생들이 가져온 것을 이용한다.

1. 망고 주스(오렌지 주스)와 4~6인용 샤베트 틀을 학급 인원수에 맞게 준비한다.
2. 4~6인 모둠을 구성하고 망고 주스와 샤베트 틀을 나누어 준다.
3. 학생들이 돌아가면서 망고 주스를 틀에 붓는다.

4   교내에 있는 냉장고를 활용하여 얼린다.
5   샤베트가 완성되면 나누어 먹는다.

● **지구온난화의 원인 찾기**

'지구는 왜 뜨거워지는 것일까?'에 대하여 모둠별로 의견을 나눈 뒤 지구온난화의 원인에 대하여 발표한다.

1   4인 모둠을 구성하고 각 모둠에 창문열기활동지를 1장씩 나누어 준다. 저학년은 A4 용지보다 큰 B4 용지를 사용한다.
2   모둠원끼리 모둠 번호를 정하고 정해진 번호 칸에 지구온난화의 원인을 각자 쓴다.

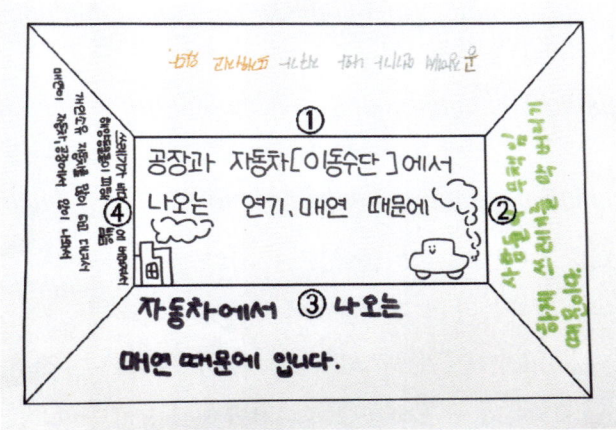

3   모둠원 중 기록자를 정하여 직사각형 칸에 모둠원의 의견이 중복

되지 않도록 정리하여 쓴다.
4 1모둠부터 모둠 대표가 앞에 나와 정리한 내용을 발표한다. 발표 후 활동지는 칠판에 게시한다.
5 정리 활동으로 지구온난화의 원인, 지구가 처한 환경 문제와 관련한 사진 자료나 영상을 보여준다.

더 빨라진 지구온난화

미리 본 '50년 뒤 지구'

● **환경신문 만들기**

지구온난화의 심각성을 알리고 탄소 중립을 위해 실천해야 할 행동을 홍보하는 환경신문을 만든다. 아주 작은 실천이라도 일상생활에서 실천할 수 있는 일들을 찾는다.

1 지구온난화의 원인, 지구온난화로 인한 피해, 해결 방안에 대한 자료를 조사한다. 주말 동안 관련 자료와 사진, 도서를 준비해서 가져오고, 태블릿 PC를 이용하여 인터넷 자료 검색을 한다.
2 모둠(4인)별로 4절 도화지와 A4 용지를 1장씩 나누어 준다.
3 A4 용지에 신문에 들어갈 글과 사진의 구성을 기획한다.
4 모둠원은 자료 정리, 기사 쓰기, 편집하기 등의 역할을 맡아 환경신문을 만든다.

5 완성한 환경신문은 복도에 전시한다.

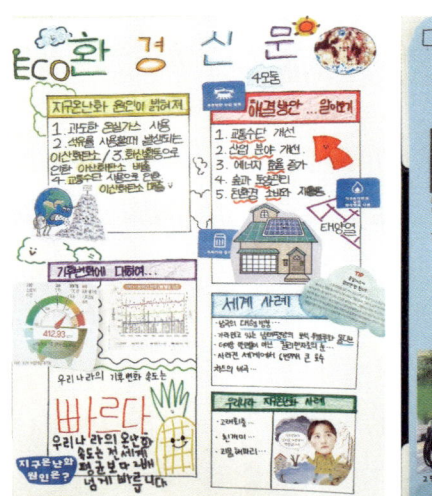
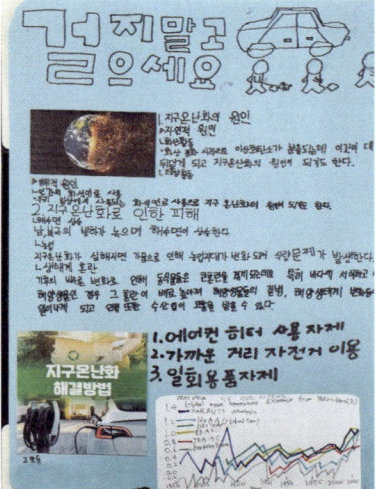

수업을 마치고

아이들은 《달 샤베트》 그림책을 읽고 지구가 얼마나 뜨거워지고 있는지 관심을 갖게 되었어요. 온실기체가 무엇이고 왜 발생하는지도 알아보았습니다. 지구온난화로 인해 지구촌 곳곳에서 일어나고 있는 피해들도 살펴보았지요. 예를 들면, 빙하가 녹아 남태평양의 투발루와 인도양의 몰디브가 바닷속으로 가라앉고 있다는 사실도 알게 되었습니다. 기후 변화로 세계 곳곳에 폭염과 한파 같은 이상 기온이 나타나 고통을 겪고 있다는 사실도요. 대규모 산불과 가뭄, 홍수로 동식물뿐만 아니라 사람들도 삶의 터전을 잃어가고 있지요.

지구 온도가 앞으로도 계속 상승하면 어떻게 될까를 생각해 보았습니다. 아이들은 환경신문을 만들면서 지금 바로 실천할 수 있는 일부터 시작하기로 했습니다. 급식 잔반 줄이기, 교실 이동할 때 전등 끄기, 에어컨 사용 자제하기, 쓰레기 줄이기, 물티슈 사용 줄이기를 실천했지요. 지구의 날(4월 22일), 세계환경의 날(6월 5일), 에너지의 날(8월 22일)에 대해서도 이야기 나누었습니다. 지구촌 전등 끄기 캠페인인 어스아워(EarthHour, 3월 마지막 주 토요일 오후 8:30~9:30)에 동참하는 것, 평소 에너지 절약하기, 대중교통 이용하기, 일회용품 사용 줄이기, 재활용품 분리배출하기 등도 실천하기로 다짐했습니다.

7월
시간을 소중하게 여기고 관리해요

시간은 나무야. 쑥쑥 자라지. 바로 너처럼.

《시간은 꽃이야》 줄리 모스태드 글·그림, 김보람 옮김, 불의여우

"시간은 무엇일까요?"

"시간은 뜨개실이에요. 뜨개실로 어떻게 뜨느냐에 따라 좋은 작품이 될 수도 있고 안 좋은 작품도 될 수 있듯이, 시간을 어떻게 사용하느냐에 따라 좋은 인생이 될 수도 있고 안 좋은 인생이 될 수도 있으니까요."

'시간은 뜨개실'이라는 아이의 표현이 인상적이었어요. '목적지가 달라지는 갈림길', '느리게도 가고 빠르게도 가는 자동차', '허투루 쓰면 날려버리는 기회', '자신을 쌓아가는 벽돌' 등 시간에 대해 친구들과 다양한 이야기를 나누었습니다. 매일 선물처럼 받는 하루 24시간, 그 시간을 어떻게 사용하고 있는지도 돌아보았어요.

이런 내용이에요!

우리는 평소 시계와 달력의 숫자를 보고 시간을 말합니다. 하지만 이 그림책은 시계와 달력의 숫자뿐만 아니라 다양한 측면에서 시간에 대해 생각할 기회를 줍니다. 시시각각 변하는 그림자의 모양으로, 하룻밤 사이 활짝 피어난 꽃으로, 해마다 조금씩 변해가는 얼굴로 시간을 느끼게 해주지요. "시간은 석양이야. 시간은 추억이야. 시간은 머리카락이야." 등 반복되는 시간의 은유 표현이 기발하고 재밌어요. 마치 아름다운 시 한 편을 읽는 느낌이 들지요. 우리가 매일 사용하는 소중한 시간에 대해 다채로운 이야기를 나눌 수 있습니다.

읽기 전 활동

'시간은 금이다.' 속담을 초성 퀴즈로 맞히는 활동을 하고, 속담의 뜻에 대해서도 함께 이야기 나눈다.

읽기 중 활동

실물 화상기로 그림책을 보여주며, 그림책 장면이 바뀔 때마다 "시간은 뭘까?"라고 질문하면서 읽어준다. 학생들은 그림을 보고 시간을 비유한 단어(씨앗, 꽃, 나무, 나비, 거미줄 등)를 맞힌다.

읽기 후 활동

● '시간'을 은유로 표현하기

스토리텔링 카드 중에서 시간을 표현할 카드를 찾은 뒤 시간을 은유 문장으로 표현한다.

1   4인 모둠을 만든 후 각 모둠에 스토리텔링 카드(총100장)를 20장씩 배부한다.

2   스토리텔링 카드에서 시간을 표현할 카드 1장을 고른다.
3   스토리텔링 카드에 없는 것으로 비유해도 된다. 비유법을 사용하여 '시간은 ~이다. 왜냐하면 ~하기 때문이다.'로 문장을 만든다.

075

4   모둠별로 나와서 각자 쓴 문장을 발표한다.

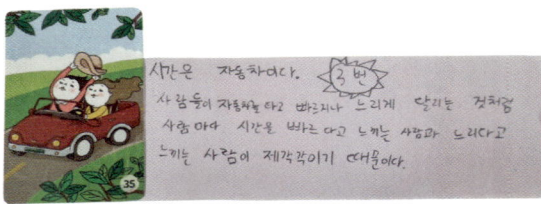

● **나의 시간 돌아보기**

일주일 동안 자신이 한 일을 모두 공책에 적는다. 일의 긴급성과 중요도에 따라 내가 한 일을 분류한 뒤 시간을 잘 활용하고 있는지 점검한다.

1   '아이젠하워의 시간 매트릭스' 활동지를 1장씩 나누어 준다.
2   지난 일주일 동안 시간을 사용한 일을 공책에 기록하고 발표한다.
    (기본적으로 사용하는 식사, 수면, 화장실 사용 시간 등은 제외)
3   선생님은 칠판에 시간 매트릭스를 그린 뒤 학생이 발표한 일을 사사분면에 분류하여 기록한다. 학생은 판서를 보고 자신에게 해당되는 내용을 개인 활동지에 기록한다. 기록한 일 중 시간을 많이 사용하는 일에 동그라미 표시를 한다.
4   사사분면 중 시간을 어디에 많이 사용해야 할지 이야기 나눈다. 중요하지도 않고 긴급하지도 않은 일에는 시간 사용을 줄이고, 긴급하지는 않지만 중요한 일에는 시간 사용을 늘리도록 안내한다.
5   시간 사용을 늘려야 할 일과 줄여야 할 일이 있는지 나의 시간 사

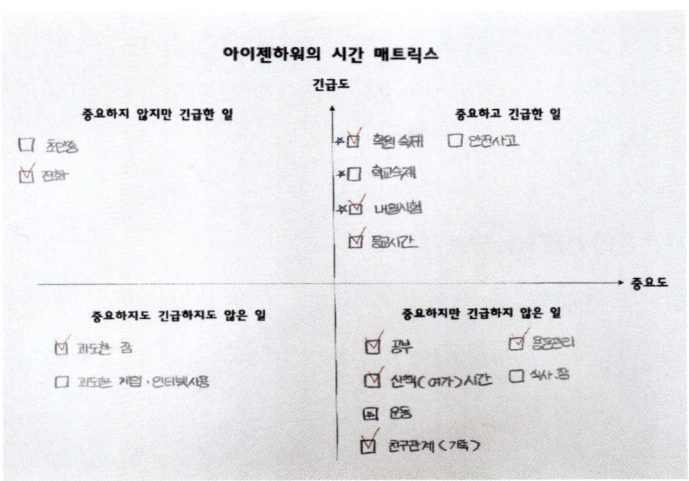

용을 점검한다.

🏷️ 아이젠하워의 시간 매트릭스

일의 중요도와 긴급도에 따라 4분할로 나누어 일의 우선순위를 정해요. 가로 선은 일의 중요도를, 세로 선은 일의 긴급도를 나타내요. 오른쪽으로 갈수록 중요한 일, 위로 갈수록 긴급한 일을 나타냅니다.

🏷️ 나의 시간 사용 점검하기 예시

- 중요하고 긴급한 일 : 내일까지 제출할 학교 숙제, 학원 숙제, 내일 시험, 등교 시간에 맞춰 등교하기, 안전사고가 났을 때 대처하기
- 긴급하지 않지만 중요한 일 : 공부, 운동, 독서, 휴식(여가), 용돈 관리, 건강 관리, 친구(가족) 관계

- 중요하지 않지만 긴급한 일 : 초인종 소리 확인하기, 전화 받기
- 중요하지 않고 긴급하지도 않은 일 : 게임, 과도한 스마트폰·컴퓨터 사용, TV 시청

● **시간 관리 프로젝트 만들기**

하루는 몇 분이고, 몇 초인지 알아본다. 하루 86,400초의 시간을 돈 86,400원이라고 생각하고 현명하게 사용할 수 있는 방법에 대해 토의한다.

1. 4인 모둠을 구성하고 모둠마다 포스트잇 4장과 A4 용지를 1장씩 나누어 준다.
2. 모둠원은 포스트잇에 시간을 효과적으로 사용하는 방법을 적는다.
3. 모둠원의 의견이 중복되지 않도록 A4 용지에 모둠원의 의견을 정리한다.
4. 모둠 대표가 앞에 나와 정리한 내용을 발표한다.
5. 모둠 발표가 끝나면 모둠 토의 의견을 참고하여 나만의 시간 관리 계획을 세운다.

TiP 나만의 시간 관리 방법 예시

To-do 리스트 작성하기, 우선순위 정하기, 체크박스 활용하기, 핵심 습관 만들기, 하루 루틴 만들기, 독서·운동·휴식 시간 확보하기, 플래너 쓰기 등

수업을 마치고

아이들이 시간의 중요성에 대해 생각해 볼 기회가 많지 않습니다. 어디에 시간을 많이 사용하고 있는지, 시간 관리를 잘하고 있는지 아이젠하워의 시간 매트릭스로 알아보았지요. 게임과 TV 시청, 스마트폰 사용처럼 긴급하지도 않고 중요하지도 않은 일에는 시간 사용을 줄이기로 했어요. 독서나 운동처럼 긴급하지는 않지만 중요한 일은 시간을 늘려나가기로 했고요.

시간을 관리하기 위해 저도 플래너를 쓰고 있어요. 연간, 월간, 주간, 일일 계획을 세웁니다. 매일 해야 할 일의 우선순위를 정하고 사용한 시간을 기록하지요. 플래너로 시간을 계획하고 관리하면서 하루 동안 할 수 있는 일들이 많아졌어요. 항상 시간이 없다는 말을 입에 달고 살았는데 그동안 시간 관리를 제대로 못 했다는 것을 알게 되었습니다.

하루를 초 단위로 계산하고 이를 돈으로 환산하면 우리에게는 매일 아침 86,400원이 입금되는 것과 같습니다. 이 돈은 쓰지 않으면 매일 저녁 사라지죠. 86,400원을 하루 동안 얼마나 가치 있는 일에 사용할지는 우리의 몫입니다.

아이들과 함께 하루의 일과 중 먼저 해야 하는 일을 순서대로 정해서 To-Do 리스트를 작성했어요. 습관으로 만들고 싶은 일을 정해 매일 체크리스트를 작성한 아이도 있었고요. 용돈 가계부처럼 시간 가계부를 쓴 아이도 있었어요. 이 수업을 통해 시간을 돈처럼 소중히 여기고 관리하는 계기가 되었지요.

8월
친구가 되는 멋진 방법

> 내가 먼저 말해버리기로 했다.
> "나랑 같이 놀래?"

《알사탕》 백희나 글·그림, 책읽는곰

"친구에게 먼저 말 걸기가 부끄러워요."

유치원에서 선생님과 친구들에게 말을 하지 않아서 어머님이 걱정을 많이 하던 아이가 있었습니다. 학기 초에 '실내화 스스로 빨기' 과제를 내주었는데, 아이가 커다란 고무장갑을 끼고 실내화를 빨고 있는 사진을 어머님이 보내왔어요. 다음 날 아이들에게 사진을 보여주며 칭찬을 했습니다. 이후 아이는 말과 행동에 자신감을 보였습니다. 교사인 내게 스스럼없이 다가와 말을 걸었고, 친구들과도 이야기하는 횟수가 많아졌지요. 친구에게 먼저 다가갈 수 있도록 아이들 마음에 용기와 자신감을 심어주는 그림책 수업을 소개합니다.

이런 내용이에요!

주인공 동동이가 마법의 알사탕을 먹을 때마다 다른 존재들의 마음의 소리를 듣게 되는 이야기예요. 동동이는 알사탕 덕분에 소파와 반려견 구슬이의 힘든 처지, 그리고 아빠의 진심을 알게 되지요. 돌아가신 할머니와도 이야기를 나누게 됩니다. 동동이는 마법의 알사탕을 통해 다른 사람의 입장을 생각하고 공감할 수 있게 되었어요. 또 먼저 "나랑 같이 놀래?" 하고 내 마음의 소리를 말할 수 있는 용기도 갖게 돼요. 다른 사람의 마음을 헤아리고 내 마음도 표현하면서 멋지게 성장하는 동동이는 꼭 우리 아이들의 모습 같습니다.

읽기 전 활동

'친구 되는 멋진 방법'(정수은 작사, 임수연 작곡) 동요를 함께 부른다. 노랫말 중 '마음으로 들어주기'란 어떻게 들어주는 것인지 함께 이야기 나눈다.

읽기 중 활동

실물 화상기를 통해 그림책을 보여주고 선생님이 한 장씩 넘기며 읽어준다. 동동이가 혼자 놀고 있는 첫 장면을 보고 혼자 놀았던 경험이 있다면 함께 이야기 나누고 그때 기분도 발표한다. 새로운 알사탕이 나올 때마다 누구의 소리가 들릴지 상상하면서 이야기를 듣는다.

읽기 후 활동

● **친구란 무엇일까요?**

이미지 카드 중에서 한 장을 고른 후 친구를 비유 문장으로 나타낸다. 이미지 카드를 활용하면 학생들의 표현이 다양해지고 생각이 확장된다.

1. 교실 앞쪽과 뒤쪽에 이미지 카드를 각각 50장씩 펼쳐둔다.
2. 모둠별로 나와서 친구를 표현할 1장의 카드를 고른다.
3. 포스트잇에 '친구는 ~이다. 왜냐하면 ~이기 때문이다.'로 문장을 완성한다.
4. 한 사람씩 실물 화상기에 이미지 카드를 비추고 완성 문장을 발표한다. (예 : 친구란 밴드이다. 왜냐하면 마음의 상처를 치료해 주기 때문이다. / 친구란 열쇠다. 친구와 함께하면 어려운 문제도 해결할 수 있고 굳게 닫힌 문도 열 수 있기 때문이다. / 친구는 돈이다. 왜냐하면 가치 있고 필요하기 때문이다.)
5. 인상 깊은 비유 문장을 공책에 메모하면서 발표를 듣는다.

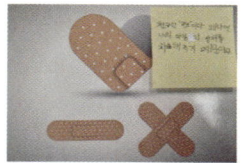
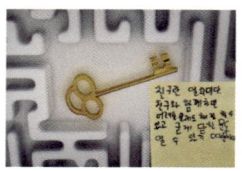

- **마음의 소리를 들어요!**

마음의 소리를 듣고 싶은 대상을 정하고, 그 대상을 닮은 알사탕을 그린다. 각자 그린 알사탕을 먹으면 어떤 마음의 소리가 들릴지 상상한다.

1. '마음의 소리' 활동지를 1장씩 나누어 준다.
2. 자기 자신 또는 자신과 가까이 지내는 사람이나 사물, 반려 동식물 중에서 마음의 소리를 듣고 싶은 대상 둘을 선택한다.
3. 활동지에 선택한 대상을 닮은 알사탕을 그리고 마음의 소리를 상상하여 쓴다.
4. 완성 작품을 게시하고 갤러리 워크로 감상한다.
5. 일상에서 상대방의 마음을 헤아리는 연습을 지속한다.

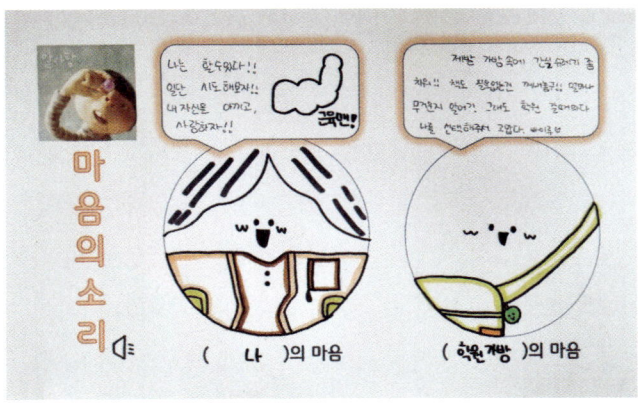

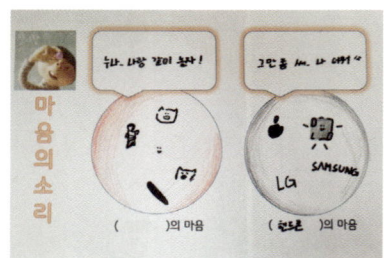 

TIP

미리 알사탕을 준비해서 작품 감상 시간에 알사탕을 나누어 주었어요. 알사탕을 먹으면서 즐겁게 친구들의 작품을 감상했지요. 저학년은 알사탕 대신 안전을 위해 막대사탕을 준비하는 것이 좋아요.

● **친구가 되는 멋진 방법**

'친구' 하면 떠오르는 낱말이나 경험을 자유롭게 발표한 뒤 친구와 친해지는 방법에 대해 토의한다.

1 '친구' 하면 생각나는 낱말이나 경험을 손을 들고 발표한다.
2 4인 모둠을 구성하고 친구와 친해지는 방법에 대해 토의한다.
3 각자 포스트잇에 친구와 친해지는 방법 3~5개를 쓴다.
4 모둠원끼리 돌아가면서 친구와 친해지는 방법을 이야기 나눈다. 많이 나온 의견으로 모둠의 대표 의견 3~5개를 선정한다.
5 1모둠부터 제자리에서 모둠 의견을 모둠원이 함께 발표한다. 선생님은 모둠의 의견을 칠판에 적는다. 가장 많이 나온 의견 순서

대로 '친구가 되는 멋진 방법' 1위부터 5위까지 순위를 정한다. (친구가 되는 멋진 방법 결과 예 : 1위 먼저 다가가서 말 걸기, 2위 같이 놀러다니기, 3위 친구 얘기 잘 들어주기, 4위 매일 상냥하게 인사하기, 5위 친구 장점 칭찬하기)

● **구슬치기 놀이하기**

친교 놀이로 그림책에 나온 구슬치기 놀이를 한다. 구슬치기 놀이 방법은 다양하므로 선생님이 놀이 방법을 선택하여 알려준다.

놀이 방법 1

1 2명씩 짝을 정하고 구슬 12개를 나누어 준다.
2 구슬 12개를 운동장 바닥에 흩어놓는다. 흩어진 구슬 중에서 각자 자기 구슬을 하나씩 정한다.
3 가위바위보로 순서를 정한다. 이긴 사람부터 자기 구슬을 중지로 쳐서 다른 구슬을 맞힌다. 맞힌 구슬은 자기 구슬이 되고 계속 구

슬을 맞힌다. 하나도 맞히지 못하면 상대 친구의 차례가 된다.
4 10개의 구슬이 모두 없어질 때까지 번갈아 가면서 구슬치기 놀이를 한다.

놀이 방법 2
1 높이 30센티 정도의 삼각형을 만든 후 10개의 구슬을 넣는다.
2 가위바위보로 게임을 진행할 순서를 정하고 자기 구슬 1개씩을 갖는다.
3 이긴 사람부터 차례로 삼각형의 세 변 중 한 변을 골라 자기 구슬을 놓고 중지로 구슬을 친다.
4 삼각형 밖으로 나가는 구슬은 자기 구슬이 된다. 한 번 친 후 자기 구슬은 다시 가져오고 다음 차례의 친구가 친다.
5 10개의 구슬이 모두 사라질 때까지 돌아가면서 구슬을 친다.

수업을 마치고

새 학기가 시작되면 아이들은 새로운 친구들을 만납니다. 친한 친구들과 같은 반이 되지 않은 것을 매우 아쉬워하기도 하고, 새로운 친구를 잘 사귈 수 있을까 걱정도 많지요.

사람은 누구나 좋은 관계를 유지하면서 마음을 주고받기 원하고, 자신의 존재가 다른 사람들에게 인정되기를 바랍니다. 그래서 다른 사람과의 관계 속에서 우리 아이들이 행복할 수 있도록 좋은 관계 맺기 교육은 무엇보다 중요합니다.

학교는 작은 사회입니다. 아이들은 나와 다른 친구들을 만나서 서로 다름을 인정하고 존중하며 행복한 관계 맺기를 배워나가죠. 그런데 교실에서 유난히 친구들과 자주 다투는 아이들이 있습니다. 자주 다투는 아이들은 대개 자기 중심적이고 다른 사람의 입장을 잘 헤아리지 못합니다. 다른 사람의 마음을 이해하는 공감 능력, 다른 친구를 이해하고 양보하거나 배려하는 마음이 부족한 아이들이 많지요.

친구와 늘 다투던 아이에게 반복적으로 해주었던 말이 '입장 바꿔 생각하기'였어요. "네가 이 친구라면 넌 마음이 어떨 것 같아?" 하고 상대 친구의 마음을 읽는 연습을 하도록 했지요. 입장을 바꿔 생각하면 친구의 마음의 소리를 들을 수 있으니까요.

9월
책 읽기의 즐거움을 느껴요

책을 계속 읽으면 세상에서 가장 똑똑한 사람이 될 거라고 생각했어.

《와작와작 꿀꺽 책 먹는 아이》 올리버 제퍼스 글·그림,
유경희 옮김, 주니어김영사

"만약 책을 먹을 수 있다면 어떤 종류의 책을 먹고 싶나요?"
"주인공 헨리를 보며 본받고 싶은 점이 있나요?"
"책을 먹는다는 것이 우리에게 어떤 교훈을 줄까요?"

그림책을 읽고 아이들이 만든 질문이에요. 친구들과 이야기 나누고 싶은 질문을 만들고, 그 질문으로 독서토론을 했어요. 아이들은 악보, 백과사전, 추리소설, 역사책 등 먹고 싶은 책을 이야기했어요. 책을 먹고 똑똑해지면 좋겠다고 했지요. 책 때문에 아팠는데도 다시 책을 읽은 헨리를 본받고 싶다고도 했고요. 책은 한 번에 꿀꺽 읽는 것보다 시간이 걸리더라도 천천히 읽어야 내 것으로 소화시킬 수 있다는 이야기도 나누었어요.

이런 내용이에요!

주인공 헨리는 책 먹는 것을 좋아해요. 글자 하나로 시작해서 책 한 권을 한입에 다 먹을 수 있게 되지요. 헨리는 책을 먹을수록 똑똑해졌어요. 무슨 책이든 신경 쓰지 않고 서너 권이나 되는 책을 한 번에 먹어 버리기도 했습니다. 그러던 어느 날 헨리는 아프기 시작해요. 머릿속의 지식이 엉망진창으로 섞여버리고 더 이상 책을 먹을 수 없게 되죠. 결국 헨리는 책을 먹지 않고 읽기 시작해요. 그러면서 책 읽는 즐거움을 느끼고, 자기가 책 읽는 걸 좋아한다는 사실도 알게 되지요.

읽기 전 활동

독서 명언 퀴즈를 진행한다. 명언에 들어갈 단어를 보기로 제시하고, 각 명언의 괄호에 들어갈 알맞은 단어를 찾는다.

> **보기 :** 책, 가시, 가방, 학교, 혀, 벗, 손, 도서관, 독서, 종이, 사람

- 하루라도 ( )을 읽지 않으면 ( )안에 ( )가 돋는다. – 안중근 (정답 : 책, 입, 가시)
- 오늘의 나를 있게 한 것은 우리 마을의 ( )이었다. 하버드 졸업장보다 소중한 것이 ( )하는 습관이다. – 빌 게이츠 (정답 : 도서관, 독서)
- 사람은 ( )을 만들고 ( )은 사람을 만든다. – 신용호 (정답 : 책)
- 가장 훌륭한 ( )은 가장 좋은 ( )이다. – 체스터필드 (정답 : 벗, 책)

읽기 중 활동 ----------

학생들은 칠판 앞쪽으로 나와 정해진 자리에 앉는다(원마커에 번호를 적어 교사가 미리 교실 바닥에 자리를 배치해 두면 좋다). 다음 장면을 예상해 보는 질문을 하면서 읽어준다. 다만, 지나친 질문으로 이야기의 흐름이 방해되지 않도록 주의한다.

Q (17면) 너무 많은 책을 빨리 먹은 헨리에게 어떤 일이 생겼을까요?
Q (24면) 책을 먹을 수 없게 된 헨리는 무엇을 했을까요?

읽기 후 활동 ----------

● **질문 만들기 토의토론**

책과 관련하여 친구들과 이야기 나누고 싶은 질문을 만든다. 단답형의 질문보다 옳고 그름을 판단할 수 있는 질문, 경험을 묻는 질문, 작가의 의도를 파악할 수 있는 질문, 상상력을 자극하는 질문을 만들도록 안내한다. 아이들 스스로 질문을 만들고 서로의 의견을 나누는 과정에서 책의 내용을 파악하고 깊게 생각하는 힘을 기른다.

1   4인 모둠을 구성한 후, 개별로 책과 관련하여 이야기 나누고 싶은 질문 2~3개를 만든다. 학생이 질문을 만들기 전, 교사는 질문의 예시를 들어 질문 만드는 방법을 안내한다.

질문 만들기 예시 자료

사실 질문	누가	~한 인물은 누구인가요?
	언제	언제 있었던 일인가요?
	어디에서	일이 일어난 장소는 어디인가요?
	무엇을	무슨 일이 생겼나요?
	어떻게	어떻게 해결했나요?
	왜	왜 그렇게 행동했나요?
감정 질문		• ~의 마음은 어땠을까요? • ~ 장면에서 느낀 감정은 무엇인가요? • 책을 다 읽은 후 느낀 감정은 무엇인가요?
경험 질문		• 이야기 장면과 같은 경험이 있나요? • 그때 나는 어떻게 했나요? • 등장 인물과 같은 상황에서 나의 감정은 어땠나요?
상상 질문		• (내가) 만일 ~라면 • (내가) 만일 ~했다면 • 뒷이야기는 어떻게 되었을까요?
평가 질문		• ~은 옳은 일인가요? • ~의 행동에 대한 나의 생각은? • ~의 문제점은 무엇인가요?
적용 질문		• 나에게 그런 일이 생긴다면 어떻게 할까요? • 내 삶에 적용하고 싶은 점은 무엇인가요? • 생활에서 실천하고 싶은 것은 무엇인가요?
종합 질문		• 작가가 이 책을 쓴 이유는 무엇일까요? • 가장 인상 깊은 장면과 그 이유는? • 책을 읽고 새롭게 알게 된 내용이 있나요? • 책을 읽은 후 떠오르는 생각이나 느낌은? • 이야기를 통해 배운 점(교훈)은 무엇인가요?

2   한 사람씩 시계 반대 방향으로 돌아가면서 만든 질문 중에서 1개만 질문한다. 나머지 모둠원은 질문에 대해 자기 생각을 이야기한다.

3   모둠활동이 끝나면 모둠원이 질문한 4개의 질문 중에서 모둠 대표 질문 하나를 거수로 정한 뒤, 포스트잇에 써서 칠판에 붙인다. 동점인 경우는 2개의 질문을 모두 채택한다.

4   선생님은 모둠 대표 질문을 칠판에 잘 보이도록 판서한다.

5   다른 모둠이 만든 질문에 대해서 모둠원끼리 돌아가면서 자신의 생각이나 의견을 말한다.

TIP

거수를 통해 모둠 대표 질문 중에서 하나를 선정하여 학급 전체 토의토론을 진행해도 좋아요. 교사가 논제를 제시하는 대신 학생들이 정한 주제로 토의토론을 진행하면 수업 참여도가 높아집니다.

● **나의 인생책 소개하기**

지금까지 읽었던 책 중에서 가장 감동을 주었거나 특별했던 책, 좋아하는 책을 고른 후 친구들에게 소개하는 활동이다. 인생책으로 선정한 이유를 포스트잇에 써서 함께 발표한다.

1   학생들에게 자신의 인생책을 준비할 수 있도록 미리 안내한다.

2   학생들은 읽었던 책들 중 소개할 책 한 권을 준비한다.

3   소개하기 전 포스트잇에 인생책으로 선정한 이유를 써서 책 표지에 붙인다.
4   한 사람씩 앞에 나와 인생책으로 선정한 책을 보여주면서 제목과 선정 이유를 발표한다.
5   수업 후 일주일간 친구들이 소개한 인생책을 교실 뒤편에 전시한다.

● **우리 반 인기도서 TOP 10**

교실에서 함께 읽었던 그림책 중 가장 좋아하는 그림책 TOP 10을 선정하는 활동이다. 매년 아이들이 좋아하는 그림책을 파악하여 다음 해에 읽어줄 책 목록을 정할 때 참고하면 좋다.

1   1년 동안 읽어준 그림책을 학년 말에 교실에 전시한다.
2   전시하기 전에 그림책 앞표지에 포스트잇을 붙여둔다.
3   학생들은 돌아다니면서 별점 5개를 주고 싶은 그림책을 선정한다.

4 선정한 그림책에 붙어 있는 포스트잇에 스티커를 붙인다. 스티커는 최대 5개까지 사용할 수 있다.

5 스티커가 많이 붙은 책부터 인기 순위를 정한다.

수업을 마치고

책은 생각의 씨앗이 되어주고 말씨에도 영향을 줍니다. 지혜를 얻는 지름길이기도 하고요. 책을 읽으면 똑똑해진다는 것은 누구나 압니다. 그래서 많은 선생님과 부모님들이 독서 교육에 시간과 노력을 기울이지요.

매일 아침, 학교에서 '아침 독서 10분'을 운영하고 있습니다. 1교시가 시작되기 10분 전, 잔잔한 음악을 틉니다. 아이들은 책 속으로 잠시 여행을 떠나죠. 책 읽기를 좋아하는 아이들은 아침 독서가 시작되기 전부터 책을 꺼내 읽지만, 책 읽기가 익숙하지 않은 아이들은 아침 독서 시간 내내 두리번거리며 시간을 보내기도 합니다.

"어떻게 하면 아이들이 책 읽기를 좋아할까요?"

저는 책을 읽어줍니다. 좋은 책을 골라서 관련 교과 시간이나 창체 시간, 수업이 조금 빨리 끝나고 생긴 자투리 시간에 책을 읽어줍니다. 제가 읽는 책에서 좋은 구절이 있으면 그 부분만 읽어주기도 해요. 저학년뿐만 아니라 고학년 학생들도 선생님이 책 읽어주는 것을 좋아합니다.

수영을 즐기려면 물에 빠져서 동작을 익혀야 하듯이 책 읽기도 '책'이라는 바다에 빠져서 책 읽기를 몸에 익혀야 하지요. 그렇게 아이들을 책 바다로 데려오기 위해 책을 읽어줍니다. 함께 책을 읽고 이야기를 나누면 아이들이 책을 더 잘 소화시킬 수 있지요. 오늘은 아이들과 어떤 책을 읽어볼까요?

10월
나에게 힘을 주는 말

끝까지, 끝까지, 정말 끝까지 포기하지 않았어요.

《말하면 힘이 세지는 말》 미야니시 다쓰야 글·그림, 김지연 옮김, 책속물고기

"학교에서 배운 것이 갑자기 생각났다. 바로 바로 바로 바로 '절대 포기하지 않는 마음!' 나는 그 마음을 갖고 또 예쁘게 만들었다."

1학년 아이가 그림 일기장에 쓴 글입니다. 집에서 만들기를 하다가 잘 만들어지지 않아 속상했는데 갑자기 학교에서 배운 것이 생각났다고 합니다. 주인공 눈썹 아저씨가 티라노사우루스에게 잡혔을 때 끝까지 포기하지 않고 방귀를 뀌어서 살아나는 장면이 나와요. 눈썹 아저씨의 방귀는 무슨 일이 있어도 절대 포기하지 않는 마음이었지요. 힘들지만 끝까지 해내야 할 때마다 '뿡뿡뿡' 외쳐주면 아이들은 '절대 포기하지 않는 마음'이라고 외치면서 힘을 내었어요.

이런 내용이에요!

주인공 눈썹 아저씨는 공룡과 매머드가 살던 시대에 살았어요. 눈썹이 하나로 딱 붙어 있어서 눈썹 아저씨입니다. 눈썹 아저씨는 보통 사람들과는 다르게 별난 행동을 해서 엉뚱해 보이기도 해요. '꿈은 반드시 이루어진다'고 믿으며 프테라노돈을 타고 달까지 가는 도전을 하지요. "기쁜 일이 하나도 없어도 따뜻하게 목욕하는 지금이 행복하다."고 말해요. 더위에 지친 사람에게 "어서 여기 앉아요." 하며 자리도 내어주고, 아픈 사람에게는 "약 발라줄 테니 조금만 참아."라며 위로도 해줍니다. 눈썹 아저씨를 통해 말하면 말할수록 힘이 세지는 말을 알게 될 거예요. 말에는 어떤 어려움도 뛰어넘을 수 있는 힘이 있다는 것도요.

읽기 전 활동

- **'말의 힘' 영상 시청하기**

한글날 특집으로 MBC에서 제작한 〈실험다큐 말의 힘〉 영상을 시청한다. '긍정의 말'과 '부정의 말'을 들려주었을 때 어떤 변화가 있는지 살펴보고, 생각과 느낌을 나눈다.

실험다큐
말의 힘

- **속담 퀴즈**

말과 관련한 속담 초성 퀴즈를 풀면서 속담의 뜻을 이해하고 말 사용의 중요성에 대해 관심을 갖는다.

- ㅂ ㅇㄴ ㅁㅇ ㅊㄹㄱㄷ(발 없는 말이 천리 간다)
- ㄱㄴ ㅁㅇ ㄱㅇㅇ ㅇㄴ ㅁㅇ ㄱㄷ(가는 말이 고와야 오는 말이 곱다)
- ㄴㅁㅇ ㅅㄱ ㄷㄱ ㅂㅁㅇ ㅈㄱ ㄷㄴㄷ(낮말은 새가 듣고 밤말은 쥐가 듣는다)
- ㅁ ㅎㅁㄷㅇ ㅊㄴ ㅂㄷ ㄱㄴㄷ(말 한마디에 천냥 빚도 갚는다)
- ㅁㅇ ㅆㄱ ㄷㄷ(말이 씨가 된다)

읽기 중 활동 ---------

실물 화상기를 통해 그림책을 보여주고 선생님이 한 장씩 넘기며 읽어준다. 이야기를 들려주면서 중간중간 질문을 통해 학생들과 소통한다.

Q (14면) 눈썹 아저씨가 티라노사우루스에게 붙잡혔을 때 아저씨는 끝까지 포기하지 않고 어떤 방법으로 풀려났을까요?

Q (20면) 눈썹 아저씨처럼 행복이 퐁퐁 솟아날 때는 언제인가요?

읽기 후 활동 ---------

● **배려 눈치 게임**

그림책 속에 나오는 힘이 세지는 말로 눈치 게임을 한다. 동시에 일어났을 경우 다른 사람이 배려해서 앉아주면 아웃되는 사람 없이 진행된다.

1 선생님은 그림책에 나오는 힘이 세지는 말을 아이들과 함께 찾아 칠판에 기록한다. (꿈은 반드시 이루어진다, 절대 포기하지 않아요, 느려도 괜찮아요, 오늘도 행복해요, 늘 상냥해요, 자리를 내줄게요, 같이 울어요, 소원을 말해요 등)
2 "꿈은 반드시 이루어진다"를 한 글자씩 외치면서 자기 자리에서 일어난다. 이때 동시에 일어날 경우 한 사람을 제외하고 나머지가 제자리에 앉아준다. 이어서 계속 다음 글자로 진행한다.
3 문장을 바꿔가며 배려 눈치 게임을 한다. 전체 학생 수가 많으면 남학생만, 여학생만, 분단별로 학생을 나누어 놀이를 진행할 수 있다.
4 배려 눈치 게임을 성공할 때마다 학급 보상을 한다.

- **힘이 세지는 말 vs 힘이 약해지는 말**

자신에게 힘이나 용기를 주었던 말과 힘을 빠지게 하고 상처를 주었던 말을 떠올린다. 그리고 그 말을 들었을 때 기분은 어땠는지 이야기 나눈다.

1 초록색과 붉은색 A4 용지를 가로로 4등분하여 색깔별로 1장씩 나누어 준다.
2 지금까지 힘과 용기를 주었던 말 중에서 가장 기억나는 말은 초록색 종이에 쓰고, 힘을 빠지게 하고 상처를 주었던 말은 붉은색 종이에 쓴다.

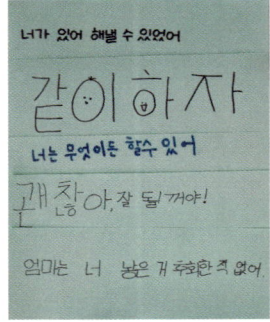 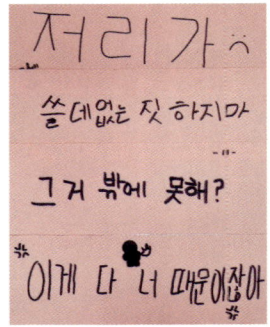

3   초록색 종이와 붉은색 종이를 제출한다. 붉은색 종이를 제출할 때는 상처 주는 말을 공개하기 싫어할 수 있으므로 이름을 쓰지 않고 우체통에 넣거나 종이를 뒤집어서 제출한다.

4   선생님이 초록색 종이에 쓴 말들을 들려준다. 학생은 그 말을 들었을 때의 느낌이나 기분을 발표한다. 이어서 붉은색 종이에 쓴 말들을 들려주고 느낌이나 기분을 발표하도록 한다.

5   힘을 주는 말과 힘을 빠지게 하는 말을 들었을 때의 느낌이나 기분을 발표한다.

● **'힘을 주는 말' 프로젝트**

'힘을 주는 말'을 생활 속에서 실천하고 '어록'으로 남기는 활동이다. 친구들에게 들은 말 중에서 '나에게 힘을 주었던 말'을 기록한다. 또 내가 친구들에게 건넨 힘을 주는 말도 기록한다. 고학년의 경우 '좌우명 쓰기'를 해도 좋다.

1 전지를 교실 벽면에 붙이고 '힘을 주는 말'이라고 제목을 쓴다.
2 자신이 들었거나 했던 말 중에 힘을 주는 말을 기록한다.
3 힘을 주는 말을 한 친구의 이름과 기록자의 이름을 남긴다.
4 서로에게 힘을 주는 말들을 일상생활에서 활용한다.

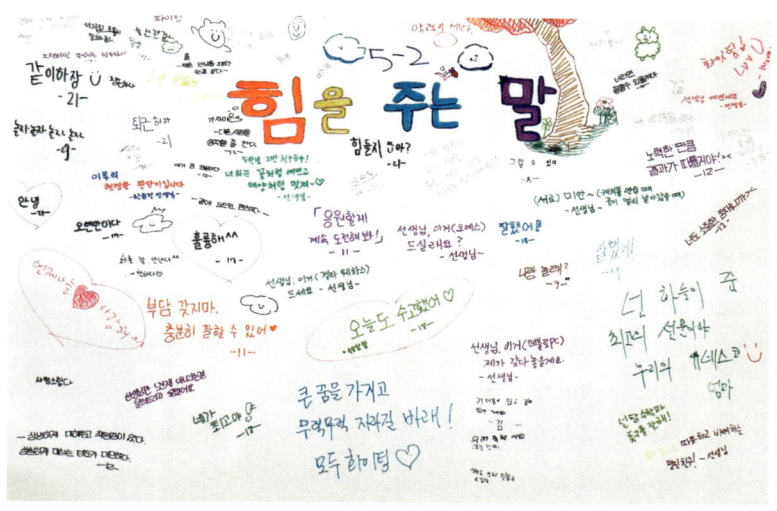

수업을 마치고

지금까지 들었던 말들 중 가장 힘을 준 말과 힘을 빠지게 했던 말들을 써보았어요.
"괜찮아, 잘될 거야." "너는 무엇이든 할 수 있어." "같이 하자." "그것밖에 못해?" "쓸데없는 짓 하지 마." "이게 다 너 때문이잖아." 등 많은 말들이 쏟아졌지요. '힘을 준 말'이 없다는 아이도 있고 상처받았던 말을 생생하게 기억하는 아이들도 많아 안타깝기도 했어요. 아이들이 쓴 말을 모아 힘을 준 말 22개, 힘을 빠지게 한 말 22개를 각각 들려주고 어떤 생각이 드는지 물었어요.

"초록색 종이에 쓴 말(힘을 준 말)을 들었을 때는 신호등의 초록불처럼 안전한 길로 안내해 주는 느낌이 들었고, 붉은색 종이에 쓴 말들(힘이 빠지는 말)을 들었을 때는 빨간불처럼 그런 말은 멈추라는 느낌이 들었어요."
"힘을 주는 말을 들었을 때는 벽난로처럼 따뜻한 느낌이 들었는데, 힘이 빠지는 말을 들었을 때는 북극에 있는 것처럼 차가워지는 느낌이 들었어요."
"말은 누군가에게 용기와 힘을 줄 수도 있지만 반대로 상처를 주거나 기운 빠지게 할 수도 있다는 것을 알게 되었어요."

아이들에게 말이 갖는 힘을 알려주고 싶었어요. 교실 벽에 '힘을 주는 말' 코너를 만들어서 내가 듣거나 말한 '격려, 위로, 응원'의 말들을 기록했어요. 이 활동을 하면서 교사인 저도 아이들에게 힘 주는 말을 많이 하려고 했지요. 아이들이 저에게 해준 힘 나는 말도 기록하면서 저도 힘을 얻었고요. 학부모 공개수업이 있던 날, 수업이 끝나고 '힘을 주는 말' 코너에 아이들에게 응원의 메시지를 남겨주신 학부모도 있었습니다.

11월
실수해도 괜찮아!

실수는 시작이기도 해요.

《아름다운 실수》, 코리나 루켄 글·그림,
김세실 옮김, 나는별

"여러분은 지금까지 생활하면서 실수한 경험이 있나요?"
"수학 문제 풀 때 계산 실수를 해요."
"컵을 놓쳐서 깨뜨린 적이 있어요."

그림책을 읽으며 실수한 경험을 이야기 나누었어요. 아이들은 달리기를 하다 넘어지기도 하고, 급식판을 들고 가다 쏟기도 했던 경험을 말합니다. 이렇게 아이들은 크고 작은 실수를 하면서 성장합니다. 그런데 실수를 했을 때 '망했다'라고 말하는 아이들이 많아요. 또 친구가 실수하면 바로 비난하는 말을 합니다. 그래서 피구할 때 공을 잘못 던질까봐 다른 친구에게 패스만 하는 아이들도 있어요. 실수를 잘못으로 여기는 아이들에게 실수는 누구나 할 수 있고 실수를 통해서 더 잘하게 된다는 것을 알려주고 싶었어요.

이런 내용이에요!

얼굴을 그리는데 한쪽 눈을 더 크게 그린 실수에서 이야기가 시작됩니다. 다른 한쪽 눈을 키워보지만 또 너무 커집니다. 그래서 안경을 그려 줍니다. 그림을 완성해 나가면서 반복되는 실수를 "괜찮은데요!" 하면서 더 멋진 그림으로 탄생시킵니다. 실수를 하는 사람들에게 "실수해도 괜찮다."고 위로해 줍니다. '실수는 실패가 아니라 또 다른 시작'이라는 용기를 주지요. 그림책 뒷부분에 나오는 줌인 줌아웃 기법이 인상적인데요. '실수는 우리 삶 전체에서 눈에 보이지 않을 만큼 아주 작은 부분'이라는 것을 보여줍니다.

읽기 전 활동

속표지에 있는 동물이 어떤 동물(개구리, 고양이, 젖소가 섞여 있는, 실수로 잘못 그린 동물)인지 이야기 나눈다. 그림책을 읽으며 어떤 동물인지 확인해 보자고 하고 읽어주면 이야기에 더 호기심을 갖는다.

읽기 중 활동

실물 화상기를 통해 그림책을 보여주고 선생님이 한 장씩 넘기며 읽어준다. 그림책을 읽다가 실수한 그림이 나오는 장면에서 잠시 멈춘다. 나라면 실수한 그림을 어떻게 바꿀지 창의적인 아이디어를 떠올리고 함께 이야기 나눈다.

읽기 후 활동

● **실수 경험 말하기**

실수했던 경험을 이야기 나눈다. 서로의 실수담을 통해 실수는 누구나 할 수 있다는 것을 깨닫고, 친구가 실수했을 때 놀리거나 비난하지 않도록 한다.

1   포스트잇에 각자 실수한 경험을 적는다. 그때의 기분이나 실수를 통해 배운 점도 적는다.
2   책상을 큰 원으로 만들고 시계 반대 방향으로 돌아가며 실수한 경험을 이야기 나눈다.
3   경험을 이야기할 때는 실수한 일, 그때의 기분, 배운 점 등을 이야기한다.
4   친구의 실수 경험에 대해 놀리는 일이 없도록 당부한다.

● **독서 빙고**

그림책을 읽고 얻은 교훈을 친구들과 공유한다. 교실을 돌아다니면서 친구들이 생각한 교훈을 빙고 칸에 기록한다. 빙고 칸이 다 작성되면 빙고 게임을 한다.

1   9칸 독서 빙고 활동지를 1장씩 나누어 준다.
2   9칸 중 한 칸을 골라 자기 이름을 쓰고 책에서 얻은 교훈을 한 문

장으로 짧게 쓴다.

3 선생님의 '출발' 신호와 함께 교실을 돌아다니며 8명의 친구를 만난다. 친구 이름과 친구가 이야기한 교훈을 적는다. 이때 동성 친구만 만나지 않도록 남자 3명 이상, 여자 3명 이상 만나기를 조건으로 한다. 활동 시 소곤소곤 대화하고 빙고 칸이 다 채워지면 자기 자리로 돌아간다.

4 선생님은 미리 학생 1명을 정해 두고 그 학생이 쓴 교훈을 먼저 말한 후 이름을 말한다. 나머지 학생들은 선생님이 말한 학생 이름이 빙고 판에 있으면 동그라미를 친다.

5 뽑힌 학생은 빙고 판을 들고나와 선생님의 시범대로 빙고 판에 있는 다른 학생이 말한 교훈을 먼저 말하고 이름을 말한다. 이름

을 먼저 말하면 빙고 판에서 이름을 찾느라 교훈은 듣지 않기 때문이다.

6   한 줄 빙고가 될 때까지 5번 활동을 반복한다.

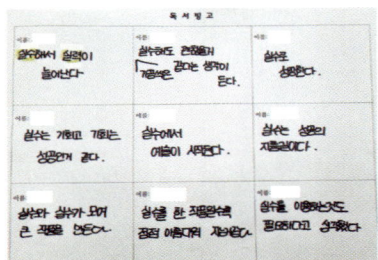 

● **토닥토닥 한마디**

자기 자신이나 친구가 실수했을 때 해주고 싶은 말을 찾는다. 실수하는 상황에서 해야 할 말을 익힌다.

1   A4 용지를 1장씩 나누어 준다.
2   A4 용지를 반으로 접은 후 왼쪽 면에 '실수한 나에게 해주고 싶은 말'을 생각나는 대로 적는다.
3   활동 시작 종이 울리면 펜을 들고 돌아다니며 같은 분단에 앉은 친구의 A4 용지 오른쪽 면에 실수했을 때 위로가 되는 말을 적는다. 분단 활동이 끝나면 다른 분단으로 이동해서 활동한다. 활동을 마치는 종이 울리면 자기 자리로 돌아간다. 이때 토닥토닥 스

티커를 함께 활용해도 좋다.
4	A4 용지에 적힌 말 중에서 자신이나 친구가 실수했을 때 해주고 싶은 대표 문장 하나를 골라 발표한다.
5	평소 실수했을 때 선택한 문장을 활용하여 자신이나 친구에게 말해 준다.

수업을 마치고

미술 시간이면 실수했다고 바로 종이를 바꿔 달라고 하는 아이가 있었어요. 그림을 그리다 조금만 실수해도 속상해하며 여러 번을 다시 그립니다. "괜찮아, 잘 그렸어."라고 말해 주어도 소용이 없었지요.

그림책을 읽고 나서 우리는 서로의 실수담을 이야기 나눴어요. 교사인 제 실수담도 들려주고요. 아이들은 '선생님도 실수를 하시는구나!', '친구들도 실수를 하네.'라고 생각하며 실수는 나만 하는 것이 아니란 걸 알게 됐지요.

사람들은 실수를 하면 창피해하고 자신감을 잃기도 해요. 실수를 하면 잘못을 했다고 생각합니다. 그러나 실수를 하지 않는 완벽한 사람은 없습니다. 독서 빙고를 하면서 그림책에서 얻은 교훈을 이야기했어요. '실수해도 기죽지 말자, 실수는 기회다, 실수로 성장한다, 실수와 실수가 모여 큰 작품을 만든다' 등 실수에 대해 긍정적인 마음을 갖게 되었지요. 실수를 당당히 받아들이기로 했습니다. 그리고 친구가 실수를 하더라도 비난 대신 용기 주는 말을 해주기로 했어요. 실수해도 괜찮다고. 누구나 실수한다고.

아기가 걸음마를 배울 때를 떠올려보세요. 수없이 엉덩방아를 찧어가면서 걸음마를 배우잖아요. 걸음마를 배울 때 수없이 넘어져야 제대로 걸을 수 있는 것처럼, 무슨 일이든 잘할 수 있을 때까지 실수하는 건 당연한 것이니까요.

12월
세상을 바꾸는 온기, 나눔과 기부

치료받느라 머리카락이 빠진 아이들에게 준 거래요.

《뭔가 특별한 아저씨》 진수경 글·그림, 천개의바람

"머리카락을 어디로 보내요? 저도 기부하고 싶어요."

주인공 다정 아저씨가 긴 머리카락을 잘라 어디로 부치는지 아이들이 궁금해했어요. 머리카락을 길러 기부하고 싶다는 남자아이들도 있었습니다. 부록에 머리카락을 기부하는 방법과 보낼 곳이 나와 있어서 안내해 주었지요. '어머나 운동 본부'가 있다는 것도 처음 알게 되었어요. '어머나 운동'은 '어린이 암 환자들을 위한 머리카락 나눔 운동'을 말합니다. 어머나 운동본부 사이트에 들어가 홍보 영상도 함께 보았지요. '기부'에 대해 아이들이 색다른 관심을 갖게 되었어요.

이런 내용이에요!

주인공은 평범한 회사원인 다정 아저씨입니다. 평범한 키, 평범한 얼굴, 평범한 옷을 입고, 평범한 신발을 신고 있습니다. 한 가지 아저씨의 특별한 점은 머리카락이 아주 길다는 겁니다. 사람들은 이런 다정 아저씨를 놀라는 눈으로 쳐다보지요. 회사 사장님도 긴 머리카락을 못마땅하게 생각했어요. 다정 아저씨는 왜 머리카락을 길렀을까요? 이유는 소아암 환자의 가발을 만드는 데 기부하기 위해서였습니다. 날마다 아침 일찍 일어나 긴 머리를 깨끗이 감고 정성껏 말립니다. 기부를 위해 불편한 생활과 사람들의 편견도 이겨냅니다. 소아암 환자들을 향한 다정 아저씨의 특별한 나눔을 재미있는 그림으로 알려주고 있어요.

읽기 전 활동

앞표지 그림과 제목을 보고 이야기를 나눈다. 지하철 의자에 앉은 사람들이 다정 아저씨의 뒷모습을 보고 놀라는 표정을 하고 있다. 다정 아저씨의 앞모습만 보이기 때문에 뒷모습은 앞표지에서 볼 수 없다. 사람들이 놀라는 이유를 맞히면 다정 아저씨의 뒷모습이 그려진 뒤표지를 보여준다.

Q 그림 속 장소는 어디일까요?
Q 아저씨의 앞모습은 어떠한가요? 특별한 점이 있나요?
Q 아저씨를 보고 사람들이 놀라는 이유는 무엇일까요?

읽기 중 활동 ----------

실물 화상기를 통해 그림책을 보여주고 선생님이 한 장씩 넘기며 읽어준다. 머리카락이 그려진 앞, 뒤 면지와 머리가 길어지는 속표지 그림도 살펴본다. 다정 아저씨가 머리를 기른 이유를 생각하며 이야기를 듣는다.

Q (3~4면) 다정 아저씨는 왜 머리카락을 길렀을까요? 여러분은 다정 아저씨의 긴 머리카락에 대해 어떻게 생각하나요?

Q (19~20면) 다정 아저씨는 자른 머리카락을 어디로 보냈을까요?

Q (29~30면) 9~10면과 29~30면 장면의 달라진 점을 찾아보세요. 달라진 이유는 무엇일까요?

읽기 후 활동 ----------

● **기부 활동 실천하기**

기부 경험이 있는 친구들과 함께 이야기를 나누고 우리가 할 수 있는 기부 활동 목록을 만든다. 돈을 기부하는 것뿐만 아니라 다른 사람을 돕는 봉사 활동도 포함시킨다.

1   포스트잇에 기부한 경험을 적는다.
2   모둠(4인)원끼리 시계 반대 방향으로 돌아가며 기부 경험을 이야

기한다.
3 친구들의 기부 경험을 참고하여 모둠별로 우리가 할 수 있는 기부 활동 목록을 만든다.
4 모둠원은 앞에 나와 기부 활동 목록을 발표한다.
5 친구들이 발표한 목록 중에서 실천 가능한 활동 한 가지를 정하여 기부 활동을 한다.

● **우리 반 재능 교실**

나의 재능을 친구들에게 기부하면서 기부 활동의 즐거움을 경험한다.

1 친구에게 도움을 줄 만한 재능을 찾아 각자 재능 기부 광고지를 만든다. 광고지에는 재능 교실 이름과 배울 내용을 자세하게 기록한다. (예 : 숯을 잘하는 방법, 글씨를 예쁘게 쓰는 방법, 아이돌 댄스 배우기, 큐브 맞추기, 줄넘기 잘하는 방법 등)
2 두 팀으로 나누어 20분씩 활동한다. 한 팀은 재능을 기부하고, 한 팀은 배우고 싶은 것을 골라 배운다.
3 재능 기부를 먼저 할 팀이 활동 장소를 마련한다. 넓은 장소가 필요할 경우 강당에서 수업을 진행한다.
4 활동을 마친 후 재능을 기부한 소감을 나눈다.
5 평소에도 친구가 도움을 요청하면 재능을 기부한다.

- **아름다운 가게**

가정에서 필요 없는 물건을 가져와 판매하고 수익금은 기부한다. '아나바다' 운동과 기부 활동을 함께 실천할 수 있다.

1. 일주일 동안 집에서 사용하지 않는 물건을 미리 준비한다.
2. 나눔 데이에 나눔할 물건을 학교로 가지고 온다. 가격표도 준비해 온다.
3. ㅁ자 모양으로 책상을 배치하고 책상 위에 물건을 진열한다.
4. 모둠별로 돌아가면서 사고 싶은 물건을 탐색할 시간을 갖는다.
5. 손님과 주인을 나누지 않고 손님과 주인 역할을 동시에 한다. 손님이 오면 물건을 팔고 손님이 없을 때는 물건을 사러 다닌다. 활동 시작 전에 작은 소리로 말하기, 장난치지 않기, 걸어다니기 등 주의사항을 안내한다. 한 물건에 여러 손님이 모이면 가위바위보를 하여 이긴 손님에

게 판매한다.

6   남은 물건은 집으로 가져가고, 물건을 판매하고 생긴 수익금 전액을 모아 학급 이름으로 기관에 기부한다.

수업을 마치고

'아름다운 가게' 활동 수익금으로 52,400원을 모았어요. 월드비전에 학급 이름으로 기부를 했지요. 무거운 물건을 마다하지 않고 들고 온 아이들이 고마웠습니다. 물건을 팔아서 생긴 돈 외에 남은 돈을 보태서 기부하는 아이들도 있었지요. 월드비전에서 아이들 이름을 하나하나 개별로 넣어 후원확인서를 만들어 보내주었어요. 아이들이 후원확인서를 받으며 뿌듯해 했습니다. 좋아바(좋았던 점, 아쉬웠던 점, 바라는 점) 학급회의 시간에 '필요 없는 물건을 팔아서 기부한 것이 좋았다'는 아이들이 있었어요. 나눔과 기부에 관심을 갖고 참여하는 아이들 모습에 기뻤습니다.

유대인의 기부 문화는 세계적으로 유명합니다. 아이들이 어릴 때부터 2개의 저금통을 선물하는 전통이 있지요. 하나는 저축하는 저금통, 다른 하나는 가난한 사람을 위해 동전을 모으는 저금통입니다. 기부를 위한 저금통을 '체다카'라고 부르는데 '해야 할 당연한 행위'라는 뜻입니다. 자선을 의무로 여기고 타인에 대한 배려와 나눔을 어릴 때부터 가르치죠.

반면 우리나라는 자선과 관련된 교육에는 별 관심이 없습니다. 대학

입시를 위해 주로 성적과 경쟁 위주의 교육이 이루어지죠. 영국의 자선지원재단(CAF)이 발표한 '2020 세계기부지수'에서 한국은 조사 대상국 114개국 중 110위로 꼴찌 수준입니다. 우리나라도 아이들이 어려서부터 배려와 나눔을 경험하고 실천하면 좋겠습니다. 이웃에게 베풀 줄 아는 아이들이 따뜻한 사회를 만들어갈 테니까요.

1월
한 해를 시작하는 목표 세우기

나 언젠가는 꼭 홈런을 칠 거야.
하지만 그 전에 안타부터 쳐야겠지.

《홈런을 한 번도 쳐 보지 못한 너에게》
하세가와 슈헤이 글·그림, 김소연 옮김, 천개의바람

'사람들을 행복하게 해주는 일식 요리사 되기', '바다가 보이는 27층에서 살기', '사진 공모전 3위 안에 들기', '뉴질랜드에서 오리너구리 보기', '운전면허증 취득하기' 등 아이들이 이루고 싶은 꿈, 죽기 전에 꼭 하고 싶은 일을 기록했어요. 사진을 붙이고 그림을 그려서 비전 보드인 보물 지도를 만들었지요. 이 꿈들은 오늘 당장 이룰 수는 없어요. 내가 정한 꿈을 이루기 위해 일 년, 한 달, 일주일의 작은 계획부터 실천해야 합니다. 매월 첫날에 꿈을 향한 이달의 목표 쓰기를 했어요. 실천할 수 있는 작은 목표부터 세웠습니다.

이런 내용이에요!

주인공 루이는 야구 경기에서 홈런을 치려다 병살타를 치고 맙니다.

홈런을 치지 못해 속상한 루이는 고등학교 때 야구부 주전이었던 센 형을 만나게 되는데요. 경기를 지켜본 센 형은 루이에게 홈런은 갑자기 칠 수 있는 것이 아니라고 말합니다. 루이는 홈런 타자들이 한 번의 성공을 위해 수백 번을 도전하고 실패한다는 사실을 깨닫게 되지요. 그래서 꿈을 위해서 포기하지 않고 차근차근 노력하고 연습하기로 마음먹습니다. 커다란 꿈은 한 번에 이루어지는 것이 아니라 수많은 노력의 과정을 통해 이룰 수 있다는 이야기를 전해 줍니다.

읽기 전 활동 ---------

제목은 공개하지 않고 포스트잇으로 가려둔 뒤 책을 다 읽고 제목 짓기 활동을 한다. 표지 그림을 보고 야구와 관련된 경험을 이야기 나눈다. 야구 경기를 해본 경험, 야구장에서 경기를 관람한 경험, 내가 응원하는 야구팀, 좋아하는 야구선수 등을 발표한다.

읽기 중 활동 ---------

실물 화상기로 그림을 보여주고 선생님이 한 장씩 넘기며 읽어준다. 야구 용어가 나오면 잠시 멈추고 뜻을 살펴본다. 그림책 마지막 페이지에 용어 설명이 나와 있으므로 참고하면 된다.

읽기 후 활동

● **제목 짓기**

모둠별로 그림책에 어울리는 제목을 짓는다. 제목 짓기 활동을 하면서 지은이가 전하고자 하는 글의 주제에 대해 생각한다.

1. 4인 모둠을 구성하고 모둠원 각자 그림책에 어울리는 제목을 짓는다.
2. 모둠원이 지은 4개의 제목을 조합하여 하나의 제목을 짓는다. 모둠 제목을 포스트잇에 적어 칠판에 붙인다.
3. 모둠 제목 중에서 거수를 통해 하나의 제목을 정한다. 마음에 드는 제목에 2번 손을 들 수 있다.
4. 우리가 만든 제목 짓기 활동 후 앞표지의 책 제목을 확인한다.

● **롤모델 2분 스피치**

그림책 속에 나오는 야구선수 '왕정치'는 주인공 루이의 롤모델이 된다. 닮고 싶은 나의 롤모델을 찾아 소개한다.

1. 태블릿 PC를 한 사람당 하나씩 나누어 준다.
2. 자신의 관심 분야에서 성공한 인물을 조사하여 롤모델을 정한다.
3. 롤모델의 사진, 롤모델로 정한 이유, 롤모델이 목표를 이룬 과정, 롤모델에게 배울 점 등을 찾아 발표 자료를 만든다. 발표 자료는

A4 용지 또는 PPT로 작성한다.

4   한 사람씩 나와서 2분 내외로 롤모델에 대해 소개한다.

● **보물지도 만들기**

목표 설정의 중요성을 알고 내가 이루고 싶은 꿈 지도를 만든다. 목표는 숫자로 표기하거나 구체적인 행동으로 세운다. 이미지를 사용하여 목표를 시각화한다.

1   8절이나 4절 도화지 1장을 선택하여 가져간다.
2   도화지 가운데 자신의 사진을 붙인다. 학생 사진은 선생님이 미리 찍은 뒤 컬러 인쇄하여 준비한다.

3 이루고 싶은 목표를 나타내는 사진을 오려서 붙인다. 잡지나 인터넷에서 관련 이미지를 찾아 준비해 온다. 이미지 자료가 없다면 그림으로 그린다.

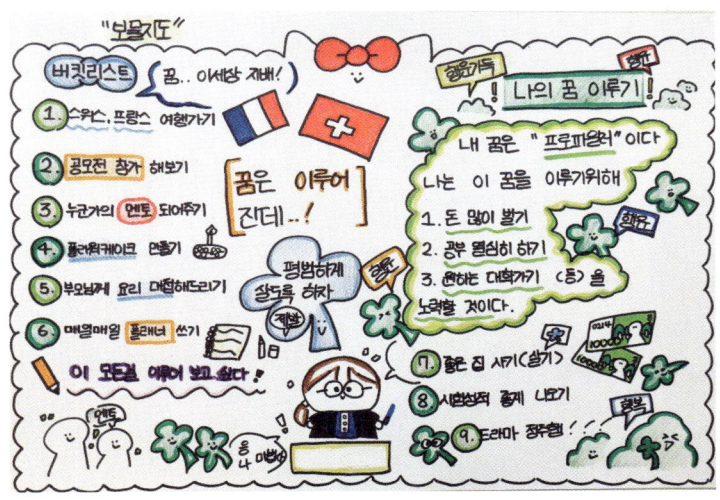

4 매월 포스트잇에 이달의 목표를 세워서 보물지도에 붙이고 실행한다.

5 눈에 잘 띄는 곳에 보물지도를 붙여두고 지속적으로 보완한다.

TiP

보물지도 대신 버킷리스트 작성으로 목표 세우기 활동을 할 수 있어요.

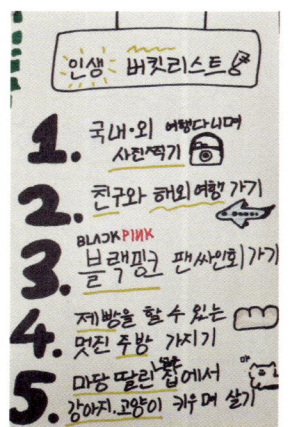 

수업을 마치고

체육 시간에 발야구와 티볼을 하면서 아이들은 야구에 많은 관심을 보였어요. '홈런'을 쳐서 친구들에게 인기가 많은 아이도 있었고, 매번 삼진을 당하는 아이도 있었죠. 지금은 홈런을 치지 못하지만 차근차근 실력을 쌓으면 언젠가 홈런을 칠 수 있다는 이야기를 전하고 싶어서 《홈런을 한 번도 쳐 보지 못한 너에게》그림책을 읽어주었습니다.

홈런을 치겠다는 목표를 세운 주인공 루이처럼 아이들도 이루고 싶은 목표가 있습니다. 그래서 하고 싶은 일이 무엇인지, 갖고 싶은 것이 무엇인지, 가보고 싶은 곳은 어디인지, 되고 싶은 모습은 어떤 모습인지

구체적으로 기록했어요. 생생하게 꿈꾸도록 사진을 붙여서 시각화도 했지요. 저의 보물지도도 아이들에게 보여주었습니다. 꿈을 이루기 위해 매월 첫날, 이달의 목표도 세웠어요. '매일 아침 15분 책 읽기', '악력 40으로 올리기', '편의점 주 1회만 가기', '야구장 가기', '수영 배우기' 등 작은 목표를 세우고 하나씩 성취하는 경험도 했습니다.

목적지가 정해지지 않은 비행기를 떠올려보세요. 시속 600Km의 속력을 가진 비행기라고 해도 방향이 정해지지 않으면 제대로 날 수 없습니다. 목표는 비행기의 목적지처럼 우리가 날 수 있는 방향을 알려주지요. 꿈과 목표가 있어야 하는 이유입니다. 아이들이 자신만의 꿈과 목표를 세워서 맘껏 날 수 있기를 응원합니다.

2월
새로운 길을 떠나는 아이들에게

> 햇살이 네 앞을 환히 비추고,
> 바람이 네 등을 살포시 밀어 주기를…….

《길 떠나는 너에게》 최숙희 글·그림, 책읽는곰

"친구들에게 응원의 편지를 받으니 힘이 나요."
"중학교에 가서도 잘 지낼 수 있을 것 같아요."
  헤어짐을 앞두고 함께 지냈던 친구들에게 응원의 메시지를 남겼어요. 새 학년에 올라가서, 중학교에 진학해서 잘 지내길 바라는 마음을 롤링페이퍼로 전했지요. 서로를 격려하면서 아름다운 이별을 준비하는 시간이 되었습니다. 새로운 곳으로 떠나는 친구들에게 용기와 자신감을 주었어요.
  "선생님은 제게 긍정을 심어주시고 희망을 키워주셨어요. 다시 만날 날을 기다릴게요."
  저도 아이들의 편지를 읽으며 아이들과 함께 한 일 년의 시간에 감사와 보람을 느꼈습니다.

이런 내용이에요!

혼자서 새로운 길을 떠나는 아이에게 엄마가 전하는 따뜻한 응원의 이야기입니다. 아이들이 커가면서 홀로 세상과 마주하고 살아갈 때 지혜와 용기를 주는 말들이 담겨 있어요.
"기억해. 함께 가야 더 멀리 갈 수 있어. 같이 가야 끝까지 갈 수 있어."
"서두르지 않아도 돼. 천천히 가야 보이는 것도 있거든."
"조금 참고 견뎌야 볼 수 있는 풍경도 있단다."
그림책 속 이야기들은 아이들뿐 아니라 어른에게도 마음 깊이 울림을 주지요. 한 해를 같이 보낸 친구들에게 새 출발을 앞두고 격려와 응원의 한마디를 나눌 수 있는 그림책입니다.

읽기 전 활동

● **시 낭송하기**

윤동주의 시 '새로운 길'을 읽어주고 제목이 무엇일지 예상해서 맞힌다. 시를 읽고 떠오르는 생각이나 느낌도 자유롭게 발표한다. 유튜브에서 '새로운 길'(윤동주 시, 신재창 곡) 노래 영상을 검색해서 들려주어도 좋다.

'새로운 길'
노래 영상

● **표지 그림 살피기**

책 제목과 표지 그림을 보고 함께 이야기 나눈다.

Q 표지 그림 속 아이는 어디를 향해 길을 떠나는 것일까요?
Q 혼자 길을 떠나는 이유는 무엇일까요?
Q 표지 그림을 보고 생각나는 경험이 있나요?

읽기 중 활동

실물 화상기를 통해 그림책을 보여주고 선생님이 한 장씩 넘기며 읽어 준다. 선생님이 읽어준 뒤 모둠별로 그림책을 한 권씩 나누어 주고 모둠원끼리 한 장씩 돌아가며 다시 읽는다. 반복 독서를 하면 그림책을 이해하고 인상 깊은 장면이나 구절을 찾기 쉽다.

읽기 후 활동

● **보석 문장 캘리그라피**

미술 시간과 연계하여 그림책을 읽고 가장 인상 깊은 구절을 골라 필사한다. 그림책 필사를 통해 그림책 속 '좋은 글'을 수집한다.

1 4인 모둠을 구성하고 엽서 크기의 캘리그라피 용지를 개별로 1장씩 준다.
2 모둠별로 그림책을 1권씩 주고 학생들은 그림책을 펼쳐보며 각자 가장 마음에 드는 구절을 찾는다.

3   캘리그라피 용지에 붓펜으로 인상 깊은 구절을 필사한다. 어울리는 그림을 그리거나 배경도 꾸민다.

4   완성한 캘리그라피 작품을 칠판에 같은 문장끼리 분류하여 자석으로 붙인다.

5   친구들이 가장 많이 쓴 보석 문장을 확인한다.

Tip

캘리그라피 용지 대신 종이 전등이나 부채에 보석 문장 쓰기를 해도 좋아요.

● **응원 영상 만들기**

종업식이나 졸업식을 앞두고 새로운 길을 떠나는 친구들에게 힘과 응원이 담긴 메시지를 전하는 활동이다. 한 사람씩 동영상으로 촬영한 후 하나의 영상으로 편집하여 'ㅇ학년이 되는 친구들에게' 응원 영상을 만든다.

1   새 학년 또는 중학생이 되는 친구들에게 마지막 인사와 응원의 메시지를 2~3문장의 짧은 편지글로 쓴다. (20초 영상)
2   한 사람씩 나와서 발표하고 선생님은 동영상으로 촬영한다. 고학년의 경우 교실 촬영 대신 과제 활동으로 가정에서 개별로 촬영하여 학급 밴드에 올려도 된다.
3   선생님은 개별 동영상을 모아 하나의 응원 영상을 만든다. 이때 선생님의 응원 메시지 영상도 넣는다. 영상에 잔잔한 음악을 배경으로 삽입하면 더 좋다.
4   학급 밴드에 영상을 공유한다.

TIP

응원 영상 대신 롤링페이퍼 쓰기 활동으로 진행할 수 있어요.

● **학급 문집 만들기**

1인 1글을 모아 학급 문집을 만든다. 1년 동안 쓴 일기, 주제 글, 편지, 동시 중에서 한 편의 글을 고른다. 국어 교과와 연계하여 헤어짐을 앞두고 새롭게 글을 쓰거나 기존의 쓴 글을 고쳐 쓴다. 글 마지막에 친구들에게 남기고 싶은 한마디를 남긴다.

1   1년 동안 쓴 글 중에서 한 편을 골라 다듬어도 되고 새롭게 써도 된다.
2   컴퓨터실에서 한글 문서로 글을 작성하고, 어울리는 그림을 삽입

　　　한 후 A4 용지에 출력한다. 워드 대신 손글씨로 써도 되고 동시는 시화를 만들어도 좋다.

3　한 편의 글을 학급 인원보다 1~2장 여유 있게 컬러 인쇄하거나 복사한다. 교사 보관용과 훼손될 경우를 대비하여 여유분 하나를 함께 만든다.

4　학급 토의를 통해 문집 제목을 정하고 표지를 만든다.

5　색깔 A4 용지를 세로로 4등분하여 문집 수만큼 준비한다.

6　4등분한 색깔 A4 용지, OHP 필름, 표지, 문집 글, 뒤표지(표지 색깔과 같은 A4 용지)를 학급 인원수만큼 늘어놓는다. 한 사람씩 나와서 4등분한 색깔 A4 용지가 맨 위로 오도록 순서대로 1장씩 가져간다.

7　스테이플러로 찍고 4등분한 A4 용지를 뒷면으로 넘겨 풀로 붙이면 완성된다.

TIP

요즘은 학교마다 대부분 제본기가 마련되어 있어요. 학교에 있는 제본기와 제본링을 활용해 제본하는 방법도 있어요.

수업을 마치고

3월에 만났던 아이들과 함께 보낸 일 년의 시간이 훌쩍 흐르고 어김없이 헤어지는 순간이 찾아옵니다. 많이 성장한 아이들을 보면 뿌듯하면서도 늘 아쉬움이 남아요. 이별의 아쉬움을 달래려고 그동안 찍어둔 아이들 사진과 동영상을 모아 영상 선물을 준비하곤 합니다. 잘 지내길 바라는 마음으로 마지막 편지를 쓰지요.

더 이상 같은 교실에서 같은 친구들과 만날 수 없다는 사실에 눈물을 보이는 아이들도 있고, 자꾸 뒤를 돌아보면서 손을 흔드는 아이들도 있어요. 떠나가는 아이들의 뒷모습을 보면서 새 학년에 올라가서도 씩씩하게 지내고 멋지게 성장하길 응원합니다.

아이들과 헤어질 때 나누는 인사가 있습니다.

"회자정리(會者定離) 거자필반(去者必返)"

'사람은 만나면 헤어지고, 헤어지면 언젠가 다시 만난다'는 뜻이지요. 우리가 지금은 헤어지지만 언젠가 다시 만날 수 있다고 이야기해요. 중학생이 되어서, 군대 휴가 나와서, 엄마가 되어서 찾아오는 제자들을 만날 때 잘 자라준 아이들이 고맙습니다. 이별이 끝이 아니라는 것을 기억하고, 함께한 시간을 행복하게 추억하기를 바라봅니다.

아이들의 마음을 위로하고 싶어 그림책을 읽어주었습니다.
그림책은 아이들과 대화를 나누고 마음을 나누는 통로가 되었습니다.
한 권, 두 권 그림책을 읽어주며 사랑을 흘려보냈어요.
조금씩 조금씩 아이들이 변해 갔습니다.

Part 3
마음이 자라는 그림책

01
새로운 세상을 향한 용기

> 쿵쿵이는 날마다 더 작아졌어.
> 학교는 날마다 더 나아졌지.

《쿵쿵이와 나》 프란체스카 산나 글·그림,
김지은 옮김, 미디어창비

"쿵쿵이가 제 마음속에도 있어요."
"저도 두려울 때가 진짜 많거든요."

하얗고 몽글몽글한 쿵쿵이를 보고 아이들은 호기심이 가득해집니다. 표지 그림의 쿵쿵이를 보고 고학년 아이들은 내 안의 자아, 또 다른 나라고 상상하는 아이들도 있어요. 그림책을 읽어가며 쿵쿵이가 나의 두려움이라는 걸 알게 되지요. 쿵쿵이가 커지기도 하고 작아지기도 하는데 두려움을 작아지게 하려면 용기가 필요하다는 것을 깨닫습니다. 주인공처럼 두려움을 이겨내고 용기 내어 친구에게 다가가라고, 두려움을 이겨낼 수 있다고 응원해 줍니다.

이런 내용이에요! ---------

내 안의 두려운 감정을 쿵쿵이로 표현한 작품이에요. 원작 제목은 《Me and My Fear》(나와 나의 두려움)입니다. 이사를 해서 새로운 동네에 온 뒤로 주인공의 비밀 친구였던 쿵쿵이가 엄청 커집니다. 너무 커져버린 쿵쿵이는 주인공을 꽉 붙잡고 놓아주지 않아요. 주인공은 새로운 학교를 가기도 힘들고 쉬는 시간에 친구들과 어울리기도 힘들지요. 그러던 어느 날 한 아이가 다가옵니다. 그 아이와 친구가 된 후로 쿵쿵이는 점점 작아지고 학교생활은 날마다 나아지게 돼요. 그리고 쿵쿵이는 주인공에게만 있는 것이 아니라 모든 친구들에게도 있다는 것을 알게 되지요. 새로운 세계에 대한 두려움을 극복하고 적응하는 용기에 대한 이야기입니다.

읽기 전 활동 ---------

- **앞표지 뒤표지 비교하기**

앞표지를 보면서 누가 '쿵쿵이'이고 '나'인지 찾는다. 책 표지를 펼쳐서 앞표지와 뒤표지를 비교하면서 달라진 점을 이야기 나눈다. 쿵쿵이는 누구인지, 쿵쿵이는 왜 작아졌는지 상상하여 발표한다.

- **앞 면지, 뒤 면지 비교하기**

앞 면지와 뒤 면지를 보여주고 달라진 점을 찾는다. 앞 면지에는 쿵쿵이의 눈만 보이고, 뒤 면지에는 쿵쿵이가 나타난 이유도 생각해 본다.

읽기 중 활동 ----------

실물 화상기를 통해 그림책을 보여주고 한 장씩 넘기며 선생님과 학생들이 한 면씩 번갈아 읽는다.

Q (7~8면) 쿵쿵이가 점점 커지고 꼼짝도 안 하려는 이유는 무엇일까요?
Q (29면) 쿵쿵이가 작아진 이유는 무엇일까요?
Q (30면) 모두가 가지고 있는 비밀 친구 쿵쿵이는 무엇일까요?

읽기 후 활동 ----------

● **경험 나누기**

주인공처럼 새로운 환경에서 두려움을 극복하고 잘 지내게 된 경험을 이야기 나눈다. 내 안에 쿵쿵이가 커졌던 일은 무엇이고 어떻게 쿵쿵이가 작아졌는지 이야기 나눈다.

1 주인공처럼 새로운 일이나 환경에서 두려움을 느꼈거나 극복했던 경험을 공책에 쓴다.
2 4인 모둠을 구성하고 모둠 번호순으로 돌아가면서 자신의 경험

을 이야기 나눈다.
3 각 모둠에서 가장 인상적인 경험을 발표한 친구를 모둠 대표로 뽑는다.
4 모둠 대표가 차례대로 자리에서 일어나 각자의 경험을 발표한다.

TIP

모둠별로 서로의 경험을 이야기 나눈 뒤 인상 깊게 들은 친구의 경험담을 대신 소개할 수도 있어요. 그러면 친구의 경험을 대신 소개하기 위해 모둠 활동 시 친구의 의견을 경청하게 됩니다.

● **용기가 필요한 순간**

친구에게 먼저 인사하는 용기, 큰 소리로 발표하는 용기, 다툰 후 사과하는 용기 등 나에게 필요한 용기가 무엇인지 생각해 본다. 걱정하고 두려워하는 마음을 극복하고 용기를 내는 마음을 키울 수 있도록 한다.

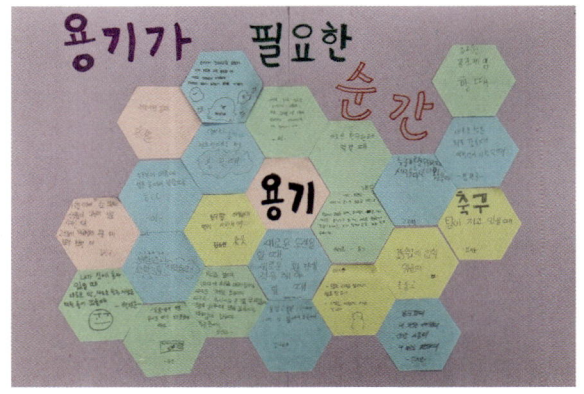

1. 육각 포스트잇에 용기가 필요한 순간은 언제인지 쓴다.
2. '용기' 단어를 쓴 육각 포스트잇을 2절지 가운데에 붙인다.
3. 먼저 쓴 순서대로 한 사람씩 앞에 나와서 '용기가 필요한 순간'을 발표하고 2절지에 포스트잇을 이어 붙인다.
4. 포스트잇을 다 붙인 후 교실에 게시하고 용기 있는 생활을 실천한다.

● **나의 쿵쿵이 그리기**

내 안의 두려움을 쿵쿵이와 같은 캐릭터로 그리고, 나의 두려움에게 용기 주는 말을 남긴다.

1. A4 용지에 나의 쿵쿵이(두려움)를 상상하여 그린다.
2. 쿵쿵이의 크기와 모양 등은 자신의 특징을 살려 그린다.
3. 쿵쿵이를 그리기 어려워하는 학생에게는 30면에 그려진 쿵쿵이

4 나의 쿵쿵이 그림 옆에 용기 주는 말을 쓴다. (예 : 괜찮아, 넌 할 수 있어. 걱정 마, 다 잘될 거야. 힘내.)
5 작품을 게시하고 두려운 순간 용기 나는 말을 스스로에게 한다.

수업을 마치고

'두려움'이란 무엇일까요?

두려움은 누구나 가지고 있는 자연스러운 감정입니다. 두려움을 느낄 수 있기 때문에 나를 지키고 보호할 수 있지요. 그러나 두려움이 너무 커지면 두려움에 휩싸여 하고 싶은 일을 포기하기도 합니다.

그림책을 읽어주고 나서 선생님도 두려움을 느낄 때가 많다고 이야기 해 주었어요. 1학기 학습연구년을 마치고 중간 담임으로 5학년 아이들을 만났지요. '2학기에 만나서 잘 지낼 수 있을까?' 하는 두려움이 있었습니다. 그래서 솔직하게 "선생님이 중간 담임이 되어 여러분과 잘 지낼 수 있을지 두려워요."라고 했지요. 선생님의 두려움에 공감하고 친근하게 다가와준 아이들이 고마웠습니다. 두려움을 이야기하는 것도 두려움을 이겨내는 방법이 되더군요.

아이들도 친구에게 먼저 사과할 때, 시험을 볼 때, 새로운 친구에게 말을 걸 때, 발표할 때, 새 학년에 올라왔을 때 등 두려움을 느낄 때가 많았습니다. 그래서 두려움을 느낄 때 '넌 무엇이든 할 수 있어!', '두려워하지 마', '너 자신을 믿어', '걱정하지 마', '다 잘될 거야'라고 스스로에게 말해 주며 용기를 내자고 했어요.

3월이 되면 새로운 동학년 선생님들을 만나고 새로운 아이들, 새로운 학부모님을 만나요. 교사의 쿵쿵이도 커지지요. 아이들도 3월이면 커다란 쿵쿵이를 안고 교실로 올 거예요. 선생님과 아이들 모두 서로의 두려움을 알아주고 먼저 손을 내밀었으면 해요. 두려움이 찾아오더라도 겁내지 말고 용기 있게 도전하고 성장하길 바랍니다.

02 학교폭력을 예방해요!

가방은 너무나 무거운데 마음은 텅 빈 것만 같아.

《책가방》 리오나, 마르쿠스 글·그림, 문주선 옮김, 창비교육

"이 책가방 속에는 무엇이 들어 있을까요?"
"스트레스, 부담감, 공부, 학원, 숙제."

아이들은 자신을 힘들게 하는 것들을 떠올렸어요. 커다란 가방을 메고 있는 아이가 자기 같다는 아이도 있었지요. '아이들이 저마다 고민과 상처, 슬픔, 어려움을 안고 지내는구나.' 하는 생각을 하게 되었습니다. 그림책을 읽으며 왕따를 당한 아이뿐만 아니라 왕따를 시킨 아이들의 마음도 엿볼 수 있었습니다. 또 친구가 겪는 어려움을 모른 채 하지 않고 "내가 도와줄까?"라고 말하는 친구도 발견하게 됩니다. 서로 어려움을 알아주면 아이들의 책가방은 한결 가벼워질 거예요.

이런 내용이에요!

주인공 리스는 아기와 할머니를 돌보느라 바쁜 엄마, 아빠를 위해 혼자 방에 틀어박혀 지냅니다. 학교에는 리스를 괴롭히는 세 명의 친구가 있어요. 친구들을 위해 책가방에 줄넘기, 볼링 놀이 세트, 킥보드도 넣어 가지요. 친구들의 괴롭힘은 계속되고 결국 리스는 책가방에 깔려서 꼼짝 못 하게 됩니다. 그런 리스를 가엘이라는 친구가 발견하고 반 친구들과 도와줍니다. 친구들이 비웃을 때 느낀 슬픔, 도시락을 빼앗기고 밀려온 배고픔, 부모님의 짜증 등 가방을 무겁게 만든 것들을 몽땅 꺼내줍니다. 리스는 자기를 괴롭힌 세 명의 친구들에게 사과를 받은 뒤 가벼운 가방을 메고 집으로 돌아가지요. 아이들뿐 아니라 학교폭력 문제와 마주하는 교사와 부모에게도 도움을 주는 그림책입니다.

읽기 전 활동

학생들은 '학교폭력' 하면 떠오른 것을 이야기한다. 선생님은 학교폭력에 대한 학생들의 발표 내용을 칠판에 마인드맵으로 정리한다. 이후 표지에 그려진 커다란 책가방 속에 무엇이 들어 있을지 추측하여 발표한다.

읽기 중 활동

그림책의 그림을 보여주지 않고 선생님이 이야기만 들려준다. 학생들은 이야기의 장면을 상상하며 듣는다. 선생님의 읽어주기가 끝나면 4인 모둠을 구성하고 각 모둠에 《책가방》 그림책을 1권씩 나누어 준다. 모둠원이 한 장씩 돌아가며 읽는다. 이야기가 길고 학교폭력과 관련된 사례를 담고 있어 이렇게 읽으면 그림책을 읽고 내용을 파악하는 데 도움이 된다. 모둠별로 나눠 줄 그림책은 동학년에서 학급당 한두 권씩 구입한 후 반별로 돌려가며 사용하면 좋다.

읽기 후 활동

● **마음 비우기**

그림책 내용 중 책가방 속에서 아이들이 힘든 마음을 꺼낸 것처럼 나의 힘든 마음을 비우는 활동을 한다.

1. '물에 녹는 종이'(A4 크기)를 6등분하여 1장씩 나누어 준다. ('물에 녹는 종이'는 인터넷에서 검색하여 10장 단위로 구매한다.)
2. 학생은 상처가 되는 기억, 지우고 싶은 일, 나를 힘들게 하는 것들을 물에 녹는 종이에 연필로 쓴다. 초성이나, 자신만 알아볼 수 있는 기호, 그림으로 작성해도 된다.
3. 선생님은 교실 앞쪽에 물을 담은 통과 나무막대를 각각 2개씩 준비한다.
4. 모둠별로 앞에 나와 종이를 물에 넣고 나무막대로 젓는다.

5   활동 소감을 발표하고 수업을 마친다.

● **'왕따 문제' 선풍기 토론**

'왕따의 문제는 왕따를 당하는 아이의 잘못된 말과 행동에 있는가?' 아니면 '그 친구를 둘러싼 주변 아이들의 잘못된 편견과 집단 행동에 있는가?'에 대하여 선풍기 토론을 진행한다.

1   학생들은 논제에 대해 두 가지의 입장에서 자신의 생각과 의견을 간단히 메모한다.
2   책걸상을 모두 뒤로 밀고, 학생들은 교실 바닥에 2개의 원을 만들어 앉는다. 이때 메모한 공책과 연필을 준비하여 앉는다. 선생님이 원마커로 2개의 원을 만들어두고 학생들이 원마커 위에 앉으면 2개의 원을 만들기 쉽다.
3   안쪽 원은 '왕따를 당한 아이의 잘못이다' 입장에서, 바깥쪽 원은 '왕따를 시킨 아이들 잘못이다' 입장에서 토론을 한다.
4   일대일 토론이 2~3분 정도 진행되면 선생님은 종을 치고, 안쪽 원

의 친구들만 시계 방향으로 2칸 이동한다. (1칸씩 이동할 경우 옆사람의 내용을 들었을 수도 있기 때문에 2칸씩 이동한다.)

5 2회 토론 후 다시 2칸을 이동해 토론 상대를 바꾸는데, 이때는 안쪽 원과 바깥쪽 원의 토론 입장을 바꾼다. 양측 입장에서 토론해 봄으로써 균형 잡힌 시각을 가질 수 있다. 2~3분이 지나면 종을 치고, 다시 2칸 이동하여 일대일 토론을 한다.

6 선풍기 토론 활동에 대한 소감을 발표한다.

● **'왕따 문제 해결 방법' 토의**

'왕따의 문제가 누구의 잘못인가?'에 대하여 선풍기 토론을 한 후, 그렇다면 왕따 문제를 해결하는 가장 효과적인 방법은 무엇일지에 대해 토의한다.

1 학생들은 왕따 문제를 해결할 수 있는 방법을 공책에 생각나는 대로 적는다.

2 4인 모둠을 구성하고 모둠 번호순으로 자신의 의견을 말한다.

3 모둠원의 의견 중에서 실천 가능한 의견을 중복되지 않도록 A4 종이에 정리한다.

4 1모둠부터 협의한 의견을 발표한 후 발표 자료를 칠판에 붙인다.

5 수업 활동을 마치고 학급 임원은 전체 모둠 의견을 A4 용지 1장에 정리한다. 중복되는 의견은 한 번만 적는다. '왕따를 없애는 ○가지 방법'이라고 제목을 붙이고 교실에 게시한다.

● **평화로운 학급 만들기 서약서 쓰기**

학교폭력이 없는 평화로운 학급을 만들기를 위해 내가 실천할 일을 기록한다. 서약서를 쓸 때는 구체적으로 실천할 내용을 쓴다. '~하지 않기'(부정적인 표현)보다 '~하기'(긍정적인 표현)로 작성하도록 한다.

1. 색깔 A4 용지를 반으로 자른다. 자른 반쪽을 반으로 접어 하트 모양을 만든 뒤 학생들에게 하나씩 나누어 준다.
2. 하트 모양의 종이에 평화로운 학급을 만들기 위해 실천할 약속을 쓴다.
3. 약속을 다 쓴 다음 서명을 하여 제출한다.
4. 환경게시판에 '평화로운 ○학년 ○반' 제목을 붙이고 서약서를 게시한다.

수업을 마치고

고학년이 될수록 거친 말을 쓰는 아이들이 늘어납니다. 친구를 함부로 대하고 무시하는 말을 스스럼없이 하는 아이들이 있어요. 그런 행동을 따라 하는 아이들과 무리를 지어 친구를 괴롭히기도 합니다. 학습연구년을 마치고 2학기에 중간 담임으로 맡은 아이들도 이런 모습이 나타나고 있었어요.

《책가방》그림책을 읽은 뒤 그동안 자신이 했던 행동을 돌아보고 잘못을 깨달은 아이들이 있었어요. 학교폭력이 발생하지 않도록 실천할 일에 대해 토의를 하고 각자의 다짐을 기록했지요. '친구를 존중하겠다'는 의견이 가장 많았습니다. '친구가 잘못을 하더라도 이해해 주고 비난하지 않겠다.' '부드러운 말과 행동을 하겠다.' '칭찬과 격려를 하겠다.' '왕따를 당한 친구가 있다면 도움을 주겠다.'고 했습니다. 아이들이 다짐한 약속은 학년말까지 게시판에 게시해 두었습니다.

2011년 12월 20일 대구 중학생 자살 사건은 너무 큰 충격이었어요. 내 아이가 친구들의 괴롭힘을 견디지 못해 세상을 떠난다면 엄마인 내 심정은 어떨까? 학교에서 발생하는 어떤 괴롭힘도 절대 용납해서는 안 된다고 생각하게 되었습니다. 아이들에게 '내가 우리 집에서 귀한 사람이듯 친구는 친구 집에서 제일 귀한 사람이니 절대로 함부로 대하면 안 된다.'고 이야기합니다.

친구에게 함부로 하는 말과 행동에는 단호했어요. 더불어 친구를 함부로 대하는 아이들의 마음도 살폈지요. 대화를 자주하면서 그 아이들의 어려움을 들여다보았어요. 친구를 괴롭히는 아이들 대부분은 집안이 평화롭지 못한 경우가 많았어요. 인정받고 싶은 욕구가 강한 아이들이라 못했을 때보다 잘했을 때 칭찬과 격려를 듬뿍 하였습니다. 인정받고 사랑받는 아이들은 친구를 괴롭히지 않으니까요.

03
나는 소중한 사람입니다

아침에 일어나면, 난 나에게 말하지.
"야, 참 멋지구나!"

《난 내가 좋아!》 낸시 칼슨 글·그림, 신형건 옮김, 보물창고

"선생님, 저는 제가 제 친구가 될 수 있다는 걸 처음 알았어요."

그림책을 다 읽고 한 아이가 손을 번쩍 들고 이야기했어요. 같이 놀 친구가 없어서 운동장에서 혼자 놀았던 경험을 이야기하면서 이제는 '혼자 놀아도 괜찮다'는 걸 알게 됐다고 했지요. 첫 장면에서 주인공이 "내겐 아주 좋은 친구가 있지. 그 친구는 바로 나야."라고 말해 줍니다. 기분이 나쁠 때면 기분을 좋게 만들고, 실수를 할 때면 노력하고 노력하고 또 노력해요. 아이들이 자신의 가장 좋은 친구가 되어 스스로를 응원하고 격려하길 바랐어요. 자신을 소중히 여기는 아이들이 다른 사람도 소중히 여기고 사랑하게 될 거예요.

이런 내용이에요!

환하게 웃고 있는 돼지 소녀가 주인공이에요. 돼지 소녀는 자신에게 가장 좋은 친구가 되어줍니다. 뚱뚱한 친구를 놀릴 때 등장하는 돼지가 자신을 좋아하고 돌보는 모습이 인상적이에요. 돼지 소녀는 있는 그대로의 자신의 모습을 사랑하지요. 도르르 말린 꼬리를 좋아하고, 통통한 배를 좋아하고, 조그마한 발도 좋아합니다. 아침마다 거울을 보면서 "야, 참 멋지구나!"라며 자신을 칭찬해 주지요. 돼지 소녀를 통해 어디를 가든, 무엇을 하든, 자신을 사랑하고 존중하는 법을 알려주고 있어요.

읽기 전 활동

"세상에서 나를 가장 사랑하는 사람은 누구일까요?"라는 질문을 하고 자유롭게 이야기 나눈다. 이후 표지 그림을 보고 자신을 사랑하는 돼지 소녀를 소개한다. 돼지 소녀의 표정과 행동을 보고 어떤 장면인지 이야기 나눈다. 제목, 저자, 옮긴이, 출판사 등도 살펴본다.

읽기 중 활동

실물 화상기에 주인공 돼지 소녀의 모습을 확대해서 비춰주고 그림책을 읽어준다. 돼지 소녀의 표정과 행동들이 익살스럽고 재미있게 표현되어 있으므로 그림에 집중하도록 당부하고 이야기를 들려준다. 읽어주는 동안 적절한 질문을 통해 사고를 확장시킨다.

Q (14면) 아침에 일어나면 나에게 무슨 말을 해주고 싶나요?
Q (16~17면) 내가 좋아하는 나의 신체 부위는 어디인가요?
Q (18~20면) 기분이 나쁠 때 스스로 기분을 좋게 만드는 방법은 무엇인가요?

읽기 후 활동

● **정지 연극하기**

주인공의 행동 중 가장 기억나는 한 장면을 정지 동작으로 표현한다. 나머지 친구들은 어떤 장면인지 맞힌다.

1. 선생님은 그림책의 그림을 다시 보여주고 학생들은 가장 인상 깊은 한 장면을 고른다.
2. 모둠별로 칠판 앞으로 나와 한 사람씩 차례로 인상 깊은 한 장면을 동작으로 표현한다.
3. 나머지 친구들은 어떤 장면인지 맞힌다.
4. 정지 연극 활동이 끝나면 학생들이 가장 많이 표현한 장면을 찾아본다.

● **나를 위한 긍정문 쓰기**

긍정적인 자존감을 형성하기 위해 나를 위한 긍정문을 만든다. 평소 자신에게 부정적인 말 대신 긍정적인 말을 들려주도록 한다.

1. 캘리그라피 용지(엽서 크기)를 1장씩 나누어 준다.
2. 긍정문 예시 자료를 참고하여 '나를 위한 긍정문' 3개를 만든다.

> 나는 경청을 잘한다.   나는 성실하다.
> 나는 큰 소리로 발표한다.   나는 똑똑하다.
> 나는 친구와 사이좋게 지낸다.   나는 용감하다.
> 나는 모든 면에서 점점 좋아지고 있다.   나는 나를 사랑한다.
> 나는 모든 일에 감사한다.   나는 모든 것을 열심히 한다.
> 나는 배려를 잘한다.   나는 긍정적인 사람이다.
> 나는 무엇이든 할 수 있다.   나는 하루 1시간 독서를 한다.

3. 2개는 나에게 힘을 주는 말로 만들고, 1개는 만들고 싶은 좋은 습관으로 정해도 된다. 학년에 따라 긍정문의 개수는 다르게 할 수 있다.
4. 긍정문은 '나는'으로 시작하고 현재형으로 쓴다. 또 '~을 안 한다.' 대신 '~을 한다.'처럼 긍정적인 말로 쓴다.
5. 긍정문은 작품란에 게시하고 등교 후 자신의 긍정문을 읽고 하루를 시작한다.

- **색종이로 나 표현하기**

1. 학생들은 원하는 색깔의 양면 색종이 1장을 고른다.
2. 색종이를 반으로 접은 후 나를 비유하여 표현하고 싶은 사물의 반쪽을 그린다.
3. 그림의 선을 가위로 오린 후 A4 용지에 색종이를 붙인다. 오려낸 부분과 남은 부분의 색을 다르게 붙인다.

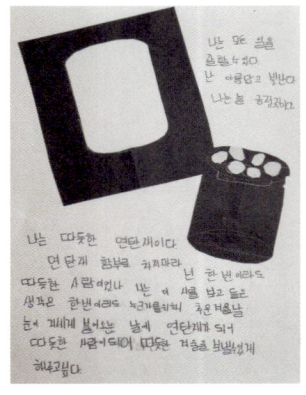

4 나는 어떤 사람이 되고 싶은지 사물에 비유하여 긍정적으로 쓴다.
(예 : 나는 항성이 되고 싶다. 항성이 되어서 빛으로 친구의 앞을 밝게 만들고 친구의 표정을 밝게 만드는 사람이 되고 싶다.)

5 작품란에 게시하고 친구들의 작품을 감상한다.

수업을 마치고

현장학습을 앞두고 함께 활동할 팀을 정해야 했어요. 꼭 같이 다니고 싶은 친구 2~3명을 써보라고 했지요. 한 아이가 쪽지에 자신을 쓴 친구는 하나도 없을 거라며 혼자 다니겠다고 썼어요. 그 친구와 같이 다니고 싶다고 쓴 친구들이 있었는데도 스스로 자신을 좋아하는 친구가 없다고 생각하는 것이 안타까웠어요. 너와 함께 다니고 싶다고 쓴 친구들이 있다는 것을 알려주었지요.

공부를 못해서, 친구들과 관계가 좋지 않아서, 외모 때문에 자신을 소중히 생각하지 않는 아이들이 있어요. 세상에 단 하나뿐인 소중한 존재로 태어난 아이들이 성장하면서 비교의 말, 부정적인 말을 들으며 자존감을 잃어갑니다. 아이들에게는 비교의 말 대신 격려의 말이 필요해요. 혼내고 나무라는 말 대신 칭찬의 말이 필요하지요.

"난 항상 내가 싫다 생각했는데 이 책이 나를 바꾸어준 것 같다. 나의 모습을 다시 떠올리면 좋은 게 많다라고 생각한다."

《난 내가 좋아!》그림책을 읽고 한 아이가 독후 감상으로 남긴 글입니다.

아이들은 있는 그대로 사랑받을 자격이 충분합니다. 아이들이 돼지 소녀처럼 스스로 자신을 사랑하고 소중히 여기면 좋겠습니다.

회복적 생활교육 연수에서 알게 된 나를 위한 긍정문이 인상적이었어요. 그래서 아이들에게 나를 위한 '마법의 주문'이라고 알려주고 아침마다 낭독했지요.

"나는 소중한 사람입니다. 나는 지혜롭습니다. 나는 나를 사랑합니다. 나는 내 친구들도 사랑합니다. 나는 당당합니다. 나는 건강합니다. 나는 바른 사람입니다."

스스로에게 언제나 긍정의 말을 들려주었으면 합니다.

04 뾰족한 말은 싫어요!

내 입에선 뾰족한 가시가 튀어 나와.
시끄러워 이 바보들아.

《가시 소년》 권자경 글, 하완 그림, 천개의바람

"가시 소년은 왜 가시투성이가 되었을까요?"

화가 나서, 친구들이 놀려서, 부모님이 싸워서, 불안해서, 공부가 힘들어서 등 가시가 돋는 여러 가지 이유를 생각해 보았어요. 나에게도 가시가 자라난 경험이 있는지 이야기 나누면서 서로의 힘든 마음도 공감해 주었지요.

가시 소년을 닮은 아이들이 있어요. 욕과 거친 말을 사용하는 공격적인 아이들이죠. 이 아이들의 가시만 보고 도망가기보다 가시가 뾰족해진 힘든 마음을 먼저 도닥여주어야 하지 않을까요?

이런 내용이에요!

주인공 가시 소년은 온몸이 가시투성이이고 입에선 뾰족한 가시가 튀어 나옵니다. 선인장처럼 가시는 매일 자라나지요. 늘 화가 나 있고 아무도 자기를 건들지 못하도록 가시를 곤두세웁니다. 그런 가시 소년과 아무도 말하려고 하지 않아요. 혼자 남게 된 가시 소년은 외로움을 느끼죠. 결국 치과에 가서 가시를 뽑고 환하게 웃으며 말해요. "나랑 놀자. 나를 안아주세요. 나는 너를 좋아해."라고. 날카로운 가시로 자기를 방어하던 가시 소년의 진짜 마음은 친구들과 잘 지내고 싶은 것이었답니다.

읽기 전 활동

책에 나오는 키워드를 사용하여 결말 있는 이야기를 만든다. 키워드를 이용한 이야기 짓기 활동은 학생들의 창의성을 키워준다. 또한 책을 읽어줄 때 각자 지은 이야기와 비교해 가며 듣는 효과가 있다.

1 앞표지(주인공의 몸에는 가시가 돋아 있고 입에서는 가시가 튀어나온다. 사람들은 얼굴을 찡그린다.)를 살핀 후 키워드가 되는 단어 5개를 제시한다. 고학년은 키워드 개수를 늘려도 된다. (예 : 가시 소년, 가시, 치과, 학교, 친구들)
2 학생들은 선생님이 제시한 5개 단어를 모두 사용하여 결말이 있는 짧은 이야기를 짓는다.
3 이야기 완성 시간은 3분으로 타이머를 활용한다.
4 이야기가 완성되면 모둠별(4인)로 시계 반대 방향으로 돌려가며

읽는다.

5   모둠마다 대표 작가를 뽑고, 뽑힌 학생은 자기 자리에서 일어나 지은 이야기를 발표한다.

읽기 중 활동

실물 화상기를 이용하여 가시 소년의 모습을 확대하여 보여주면서 선생님이 읽어준다.

Q (15~16면) 가시 소년만 왜 그림자가 없을까요?
Q (25~26면) 가시 소년은 선인장 앞에 혼자 앉아 무슨 생각을 하고 있을까요?
Q (29~30면) 가시 소년이 활짝 웃으면서 하고 싶은 말은 무엇일까요?

읽기 후 활동

● **인상 깊은 장면 나누기**

그림책에서 가장 인상 깊은 한 장면을 고르도록 안내하고 다시 그림책을 읽어준다. 가장 기억에 남는 장면과 그 이유를 친구들과 이야기 나눈다. 서로의 생각과 느낌을 나누며 다양한 관점으로 책을 이해한다.

1 이야기를 들으며 가장 인상 깊은 장면 하나를 고른다.
2 그 장면에 대한 내 생각이나 느낌을 포스트잇에 쓴다.
3 모둠원끼리 물레방아 활동으로 돌아가면서 인상 깊은 장면에 대한 내 생각이나 느낌을 이야기 나눈다.
4 모둠 활동을 마친 모둠은 앞으로 나와 그림책에 가장 인상 깊었던 장면을 찾아 포스트잇을 붙인다.
5 그림책은 학급 문고로 비치하여 친구들이 남긴 포스트잇의 글을 다시 읽을 수 있게 한다.

Tip 물레방아 활동

모둠이나 학급 전체가 시계 반대 방향으로 돌아가며 발표를 하거나 활동지를 돌려가며 서로의 의견을 교환하는 활동이에요.

● **주인공 마인드 맵**

주인공을 탐색하는 방법으로 마인드 맵을 활용한다. 주인공의 성격, 특징, 마음 이외에 주인공에게 하고 싶은 말, 내가 주인공이라면, 소감, 적용점 등 다양한 생각을 표현할 수 있다.

1 A4 용지를 한 사람당 1장씩 나누어 준다.
2 용지 가운데에 가시 소년을 그리거나 글로 쓴다.
3 선생님은 '가시 소년의 마음', '가시가 돋는 이유', '가시 소년에게 하고 싶은 말', '내가 가시 소년이라면' 등 소주제의 예시를 안내

한다.

4 각자 소주제를 정하고 생각나는 것을 모두 쓴다.

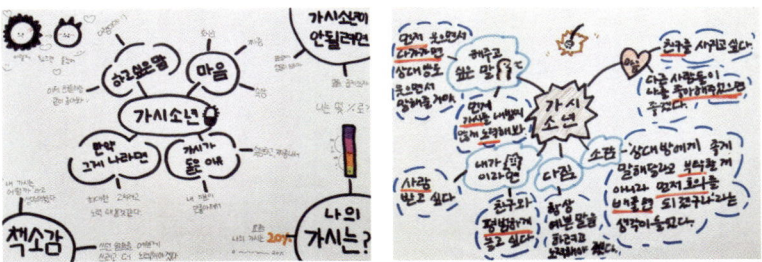

5 완성한 마인드맵을 칠판에 붙이고 갤러리 워크로 감상한다.

Tip 갤러리 워크

갤러리에서 미술 작품을 관람하듯이 친구들의 작품을 감상하는 학습법이에요. 친구 작품에 스티커를 붙여주는 활동을 하면 적극적으로 관람합니다. 간혹 스티커를 받지 못한 학생들이 있거나 경쟁 활동이 되지 않도록 주의가 필요해요.

● '따뜻한 말 한마디' 롤링페이퍼

롤링페이퍼에 '따뜻한 말 한마디'를 쓰면서 친구에게 따뜻한 말을 하는 연습을 한다.

1 책상 전체를 1개의 큰 원으로 만든다.
2 색깔 A4 용지에 내 이름을 적고 '따뜻한 말 한마디'라고 쓴다.

3   시계 반대 방향으로 A4 용지를 돌리면서 칭찬하는 말, 응원하는 말을 쓴다.
4   사인펜으로 쓰고 쓴 사람 이름을 남긴다.
5   롤링페이퍼가 본인에게 돌아오면 친구들이 써준 '따뜻한 말 한마디'를 읽는다.
6   활동 소감을 발표한 후 마친다.

TiP

'따뜻한 말 한마디' 쓰기를 어려워하는 학생은 '마인드업 카드'나 '사랑의 언어 카드'를 참고할 수 있도록 해요.

수업을 마치고

아이들은 주로 불만이나 심리적 불안을 거친 말로 표현합니다. 또 또래 집단에서 소외되지 않고 약자가 되지 않기 위해 사용하기도 하지요. 학년이 올라갈수록 공부나 학원 스트레스를 거친 언어로 표현하기도 해요. 그래서 아이가 무엇 때문에 화가 났는지, 왜 기분이 나쁜지, 불만이 무엇인지를 먼저 물어봐주고 공감해 주는 것이 필요해요.

매월 마지막 주 창체 시간에 '좋아바회의(한 달 동안 좋았던 점, 아쉬웠던 점, 바라는 점 돌아가면서 말하기)'를 합니다. 이달에 좋았던 점에 '욕이 줄었다'는 의견이 가장 많았어요.

《가시 소년》을 읽은 후 '속상하거나 화난 마음을 가시 없이 표현해야겠다, 거칠게 말하는 친구들에게 먼저 호의를 베풀어야겠다, 욕을 쓰지 않아야겠다, 화내지 않겠다, 예쁜 말을 쓰려고 노력하겠다'고 다짐했지요. 그 다짐을 실천한 아이들이 고마웠습니다. 날카로운 말은 나와 주변 사람 모두에게 상처가 된다는 것을 기억하기로 했습니다.

월드비전과 EBS가 주관하는 '교실에서 찾은 희망' 캠페인에 참여한 적이 있어요. 캠페인 주제가 '따뜻한 말 한마디'였죠. 응모 영상 중간에 친구, 부모님, 학교에서 수고해 주시는 분들께 따뜻한 말을 전했어요. 캠페인에 응모하면서 교실에 따뜻한 말들이 가득했습니다. 우리반 따뜻한 말 한마디 대표 문구가 가장 기억에 남네요.
"친구야, 넌 꽃처럼 이쁘고 태양처럼 멋져!"

교실에서 찾은 희망
캠페인 응모 영상

05
함께하는 힘, 협동

우리가 함께 바닷속에서
제일 큰 물고기 모양을 만들어서 헤엄치는 거야!

《헤엄이》 레오 리오니 글·그림, 김난령 옮김, 시공주니어

"물고기들이 진짜 똑똑해요."
"물고기들이 힘을 합치는 게 신기해요."
"아쿠아리움에서 물고기들이 떼 지어 다니는 거 봤어요."

바닷속에 사는 다양한 생물들을 보면서 아이들은 그림책 속으로 빠져들었어요. 호기심 가득한 눈으로 이야기를 들으며 물고기들이 협동하는 모습을 신기해했지요. 그림책을 읽은 후 물고기들이 무리 지어 다니는 실제 영상 자료를 보여주니 아이들은 더욱 놀라워했답니다. 드넓은 바다에서 물고기들이 힘을 모아 살아가는 모습을 보고 '협동'의 위대한 힘을 느끼게 되었어요. 혼자서는 할 수 없지만 친구들과 함께라면 무엇이든 해낼 수 있을 거예요.

이런 내용이에요!

칼데콧 명예상을 4회나 수상한 20세기 그림책의 거장 레오 리오니의 작품입니다. 작은 물고기들이 서로 힘을 합쳐 큰 물고기의 위협을 물리친다는 이야기예요. 주인공인 까만 작은 물고기 '헤엄이'는 배고픈 다랑어를 피해 도망친 후 자기처럼 작은 빨간 물고기 떼를 만납니다. 큰 물고기를 피해 숨어서만 지내는 빨간 물고기들에게 서로 가까이 붙어서 커다란 물고기 모양을 만들어 헤엄치자고 제안하지요. 혼자일 때는 힘 없는 작은 물고기였지만 함께 협력하면 어떤 어려움도 극복할 수 있다는 이야기를 담고 있어요.

읽기 전 활동

● **책 속 단어 예상하기**

책을 읽어주기 전에 책 제목과 표지만 보고 책에 나올 듯한 단어를 최대한 많이 적어보도록 한다. 책의 내용을 예상하는 활동을 한 뒤 책을 읽어주면 학생들이 더욱 집중해서 이야기를 듣는다. 이 활동은 개인별 또는 짝과 함께, 모둠별로 모두 가능하다.

1   A4 용지를 반으로 잘라 한 사람당 1장씩 나누어 준다.
2   그림책 제목과 표지를 보고 책에 나올 것 같은 단어를 1분 동안 적는다.

3   짝과 함께 단어를 쓴 이유를 번갈아 가며 이야기 나눈다.
4   그림책을 읽어주는 동안 그림책 속에 나오는 단어가 A4 용지에 있으면 그 단어에 동그라미를 그린다.
5   맞힌 단어가 학급 전체 합산 5개 이상이면 학급 전체 보상을 한다. 가능하면 보상을 받을 수 있도록 기준을 높지 않게 한다.

읽기 중 활동

실물 화상기로 그림책을 비추고, 학생 중에서 전기수 두 명이 TV 앞에 나와 한 장씩 번갈아가며 읽어준다. 그림책은 선생님이 한 장씩 넘겨준다.

TIP

전기수는 조선 후기에 청중 앞에서 소설을 구연하던 이야기꾼이에요. 희망하는 학생들 중 전기수를 선발하여 책 읽어주는 활동으로 도움을 받을 수 있어요.

읽기 후 활동

● **협동 미니 북 만들기**

물고기가 무리 지어 다니는 영상을 시청한 뒤 친구들과 협동한 경험을 이야기 나눈다. 모둠 활동, 학예회, 운동회 등 친구들과 협동했던 경험을 책으로 만든다.

1   물고기들이 무리 지어 다니는 영상을 시청한 후 협동한 경험을 발표한다.
2   블랭크 카드를 한 사람에게 1장씩 나누어 준다.
3   협동 경험을 블랭크 카드에 쓰고 간단한 그림을 그린다.
4   한 사람씩 앞에 나와 협동한 경험을 발표하고 블랭크 카드를 칠판에 게시한다.
5   블랭크 카드에 펀치로 구멍을 뚫은 뒤 고리를 끼운다. 책 제목을 정하고 표지를 만들어 미니 북으로 완성한다.

물고기 영상

TiP

블랭크 카드는 다양한 사이즈의 두꺼운 종이예요. 명함 만들기, 엽서 만들기, 편지 쓰기, 명언 카드 등 수업 활동에 활용도가 높아요. 가격이 저렴하고 작품 완성도를 높여주어 학년 초에 대량 구입한 뒤 1년 동안 사용하면 편리해요.

● **PMI 토론하기**

'효과적인 과제 수행을 위해 모둠 활동이 효과적인가? 개인 활동이 효과적인가?'에 대한 생각을 나눈다. 함께 한다는 것은 불편을 감수하기도 하고 누군가와 부딪히는 일도 생긴다. 그래서 모둠 활동보다 혼자가 더 편할 때도 있다. 하지만 서로의 부족한 부분을 채우고 함께 하는 것이 큰 힘이 되기도 한다. PMI 토론으로 모둠 협력 활동에 대한 좋은 점, 불편한 점, 그밖의 다양한 생각을 나눌 수 있다.

> **Tip**

PMI는 이야기 속 인물이나 사건의 장점, 단점, 흥미로운 점을 생각해보는 토론으로, P(Plus : 장점, 긍정적인 점), M(Minus : 단점, 고칠 점), I(Interesting : 흥미로운 점, 새로운 점)로 구분해서 정리하는 활동이에요.

모둠 협력 활동 PMI 활동지　　(　　　) 모둠	
Plus(좋은 점)	**Minus**(나쁜 점)
Interesting(흥미로운 점, 새로운 점)	

1. 4인 모둠을 구성하고 각 모둠에 PMI 토론 활동지를 1장씩 나누어 준다. A4 용지를 3등분하여 P, M, I로 써넣어도 된다.
2. 모둠원은 협의하여 모둠 협력 활동의 장점, 단점, 새로운 점을 활동지에 기록한다.

3   1모둠부터 각 모둠 대표가 PMI 토론 활동지를 발표한다.

TIP

PMI 토론을 전체 활동으로 할 수 있어요. 칠판을 3등분하여 P, M, I로 구분합니다. 학생들은 각자의 의견을 포스트잇에 적은 후 칠판에 붙여요. 의견을 시각적으로 분류하기 위해 P는 노란색, M은 분홍색, I는 하늘색 포스트잇을 사용합니다. 선생님은 칠판에 붙은 포스트잇 내용을 하나씩 소개해요.

● **커다란 물고기 협동화 그리기**

그림책 속 작은 물고기들이 서로 가까이 붙어서 큰 물고기를 만든 장면을 협동화로 표현한다. 협동화를 완성하는 과정을 통해 '협동'의 의미와 소중함을 경험한다.

1   연필로 전지에 가득 차도록 커다란 물고기의 테두리를 그린다.
2   물고기 모양의 찍기 도장을 만든다. 감자를 반으로 자른 단면에 물고기를 그린 후 물고기 모양만 남기고 여백을 조각칼로 깎아낸다. 저학년은 천사 점토로 물고기를 만든다. 손에 잡고 도장을 찍을 수 있을 만큼 두껍게 만들어 딱딱하게 굳으면 사용한다.
3   모둠(4인)별로 빨간 물감을 담은 접시 1개, 물통 1개, 이면지 4장, 붓 4개를 나누어 준다. 이면지에 물고기 찍는 연습을 한다.
4   교실 앞쪽 바닥에 신문지를 깔고 커다란 물고기를 그린 전지를

올려둔다. 전지 주변에도 빨간 물감을 담은 접시와 붓, 물통을 4세트 준비해 놓는다. 한 모둠씩 나와서 커다란 물고기 테두리 안에 같은 방향으로 찍는다. 눈만(헤엄이) 검정 물감으로 찍는다.
5 전지에 한 줄 소감을 쓰고 바닷속 배경을 꾸며 완성한다.

수업을 마치고

커다란 물고기가 완성되자 "와! 와!" 하며 아이들의 탄성이 이어졌어요. 함께 해낸 뿌듯함을 느끼면서 활동 소감을 나누었습니다.
"작은 물고기 하나는 작고 약해 보였는데 여럿이 모여서 커다란 물고기를 만드니 약해 보이지 않아요."

"친구들과 함께 만든 작품이 자랑스럽고 우리가 위대하게 느껴져요." 함께라면 무엇이든 할 수 있고 어려운 일도 해낼 수 있다는 것을 경험했지요. 협동을 불편해했는데 협동하고 싶다는 마음이 들게 해주는 책이라고도 했습니다. 축구를 할 때, 줄다리기를 할 때, 발야구를 할 때처럼 협동하는 일들을 떠올리며 협력하면 아주 많은 일을 할 수 있다는 것을 알게 되었지요.

초임 시절, 모둠을 만들고 모둠별 보상을 했어요. 그러다 보니 다른 모둠과 경쟁하고 모둠을 구성할 때 능력이 부족한 아이들을 기피하는 현상이 나타났지요. 지금은 모둠 활동은 하되 모둠 보상은 하지 않아요. 보상은 학급 전체 보상 활동인 '함께 만드는 무지개'를 운영합니다. 빨, 주, 노, 초, 파, 보 여섯 가지 색깔의 부직포로 부채꼴 모양을 만든 뒤 하나의 원을 만들어요. 우드락에 '함께 만드는 무지개' 이름표를 붙이고 스마일이 그려진 색깔 압정을 학생 수만큼 준비합니다. 빨간색에 압정을 모두 꽂고 개별 또는 학급 전체 칭찬거리가 있을 때마다 핀을 해당 수만큼 다음 칸으로 이동시킵니다. 핀 전체가 다시 빨간색으로 돌아오면 학급 보상 활동을 합니다. 학급 보상 활동은 학급 회의를 통해 체육 활동, 영화감상, 음식 만들기, 간식 파티 등으로 정합니다. 개인이나 모둠 경쟁이 아니라 학급 구성원 모두가 협력하는 학급 분위기를 만드는 데 도움이 되는 활동입니다.

06
환경을 생각하고 쓰레기를 줄여요

우리는 짧은 시간에 쓰레기가 거의 나오지 않는 교실을 만들었어요.

《지구를 구하는 쓰레기 제로 대작전》, 시마 외즈칸 글, 제이넵 외자탈라이 그림, 고정아 옮김, 토토북

"거북이 코에 빨대가 꽂혔어요. 너무 아플 것 같아요."

아이들은 태평양의 거대한 쓰레기 섬 영상을 보고 모두 놀랐어요. 쓰레기 섬의 면적이 우리나라 면적의 15배가 된다고 해요. 한글이 써진 플라스틱 용기도 있었지요. 우리나라에서만 매년 18만 톤의 해양 쓰레기가 발생하고 전 세계적으로는 매년 800만 톤이 넘는 쓰레기가 바다로 흘러들어가고 있다고 해요. 영상을 보고 쓰레기가 지구 환경을 파괴하고 동물들의 생존을 위협하고 있다는 사실을 알게 되었습니다. 그림책을 읽고 쓰레기를 줄일 수 있는 방법은 없을지 토의했어요. 넘쳐나는 쓰레기로 병들어가는 지구를 살리기 위한 실천이 절실한 때입니다.

이런 내용이에요!

환경부에서 2020 우수 환경 도서로 지정한 그림책입니다. 초등학교 5학년 아이들과 함께한 쓰레기 제로 운동 이야기예요. 주인공 닐은 쓰레기들이 어디로 가게 되는지 궁금해서 엄마와 함께 쓰레기 매립장을 찾아가요. 쓰레기 산을 본 후 가족과 함께 쓰레기 줄이기를 실천합니다. 닐은 여름방학에 했던 일 발표 시간에 쓰레기의 주범인 '다섯 악당'에 대해 발표해요. 그리고 반 친구들과 교실에서도 쓰레기 줄이기 운동을 하지요. 교실 쓰레기가 얼마나 나오는지 매일 기록하면서 쓰레기 제로가 되는 과정을 보여줍니다.

읽기 전 활동

쓰레기에 대해 다음과 같은 발문으로 이야기를 나눈 뒤 '쓰레기 섬' 관련 영상을 시청한다.

태평양 쓰레기섬

Q '쓰레기' 하면 무엇이 떠오르나요?
Q 우리가 버리는 쓰레기는 어디로 갈까요?
Q 태평양 위에 존재하는 거대한 섬으로 해마다 규모가 점점 커지고 있는 섬의 이름은 무엇일까요?

TIP **GPGP(Great Pacific Garbage Patch, 태평양 쓰레기 섬)**

1997년 여름, 찰스 무어가 LA부터 하와이까지 요트로 횡단하는 경기도중 발견했어요. 바다로 버려진 전 세계 쓰레기들이 해류와 바람의 영향 등으로 밀려와 하나의 거대한 쓰레기 섬을 만들었습니다.

읽기 중 활동

실물 화상기를 통해 그림책을 보여주면서 선생님이 읽어준다. 글이 많아 다 읽어주다 보면 지루할 수 있기 때문에 그림책 장면을 보여주면서 교사가 스토리텔링을 하면 더욱 재미있게 듣는다.

읽기 후 활동

- **쓰레기 다섯 악당**

일상 생활에서 배출되는 쓰레기의 종류와 양을 살펴본다. 가정에서 가장 많이 배출되는 쓰레기의 종류를 조사하여 쓰레기 다섯 악당을 정한다.

1. 주말을 이용하여 우리 집에서 배출되는 쓰레기 중에서 양이 많은 순서대로 5가지를 조사해 온다.
2. 한 사람씩 돌아가며 1위 쓰레기를 발표한다. 선생님이 칠판에 쓰레기 종류를 쓰고 학생들이 발표한 쓰레기를 '正' 자로 기록한다.
3. 2위~5위 쓰레기도 차례로 발표한다.

4   가장 많은 표를 받은 쓰레기 1위부터 5위까지를 '쓰레기 다섯 악당'으로 정한다.

● **쓰레기 문제 해결 방안**

학급에서 정한 쓰레기 다섯 악당을 줄일 수 있는 방법을 토의한다. 다섯 모둠이 쓰레기 다섯 악당 중 1개씩을 맡아 줄일 수 있는 방법을 토의하고 발표한다.

1   다섯 모둠의 대표가 쓰레기 다섯 악당 중 하나를 제비뽑기로 뽑는다.
2   각 모둠별로 뽑은 쓰레기의 문제점과 줄이는 방법에 대해 조사하고 토의한다.
3   태블릿 PC를 이용하여 발표 자료를 만든다. (자료 조사, 미리캔버스 템플릿 이용, PPT 작성)
4   모둠별로 앞에 나와 돌아가면서 PPT를 발표한다.
5   모둠 발표를 들으면서 쓰레기를 줄이기 위해 실천할 방법을 메모한다.

 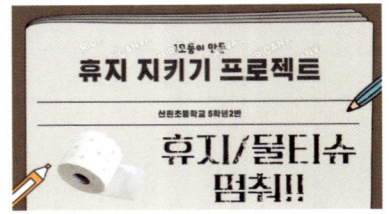

● **제로 웨이스트 캠페인 영상 만들기**

쓰레기를 줄이자는 캠페인 영상을 만든다. 광고지, 표어, 연극, 쓰레기 줍는 사진 등을 활용한다.

1. 모둠별로 제로 웨이스트 영상 만들기에 대한 아이디어 회의를 한다.
2. 영상에 들어갈 문구, 사진, 동영상 등을 준비한다.
3. 핸드폰이나 태블릿 PC의 동영상 편집기를 이용하여 2~3분 분량의 캠페인 영상을 만든다. 제목과 자막, 배경음악 기능도 활용한다.
4. 완성한 영상을 학급 밴드와 유튜브에 업로드하여 '제로 웨이스트'를 홍보하고 실천한다.

수업을 마치고

국어 토의 단원과 연계하여 그림책 수업을 하였어요. 쓰레기를 줄이기 위해 먼저 가정에서 가장 많이 배출되는 쓰레기를 조사했지요. 조사 결과, 1위 비닐봉지, 2위 플라스틱 용기, 3위 종이류(박스), 4위 일회용품, 5위 휴지(물티슈)였습니다. 1위부터 5위까지 쓰레기를 모둠이 하나씩 맡아 쓰레기를 줄이는 방법에 대해 토의했습니다.

에코백 사용하고 비닐봉지 거절하기, 배달 음식 줄이기, 텀블러 사용하기, 공책 남김 없이 쓰기, 이면지 사용하기, 종이컵과 나무젓가락 사용 자제하기, 휴지 대신 걸레나 행주 사용하기 등을 실천하기로 했습니다. 가끔 종이컵을 달라고 했던 아이는 텀블러를 챙겨왔어요. 이면지를 사용하고 마트에서 비닐봉지를 거부한 일이 뿌듯했다는 아이도 있었지요. 가족들과 쓰레기 줄이기를 함께해서 좋았다는 아이도 있었습니다.

한국형 분리 배출에 대해 안내해 주는 책 《그건 쓰레기가 아니라고요》(홍수열 지음, 슬로비)에는 쓰레기를 줄이는 5R에 대해 소개하고 있어요. 거절하기(Reject), 줄이기(Reduce), 재사용하기(Reuse), 재활용하기(Recycling), 썩히기(Rot)입니다. 다섯 가지 실천 방법 중 할 수 있는 것부터 하나씩 실천해 보기로 했어요.

07 분노를 조절하고 화를 다스려요

화 속에 숨겨진 당신이 진정으로 원하는 것을 이야기하세요.

《앵거게임》 조시온 글, 임미란 그림, 씨드북

"제 핸드폰에도 앵거게임 앱이 있으면 좋겠어요."
"화가 날 때 앵거게임이 있으면 화를 참을 수 있을 것 같아요."

평소 화를 잘 내던 아이가 앵거게임이 있으면 좋겠다고 합니다. 화가 나면 참기가 힘들대요. 화가 나면 큰 소리를 '빽' 지르는 아이도 있고 물건을 던지거나 친구를 때리는 아이도 있지요. 분노 조절이 잘 안 되는 아이들은 친구들과 좋은 관계를 맺기가 어려워요. 화를 조절하지 못해 자신뿐만 아니라 다른 사람에게도 상처를 줄 수 있습니다. 어떻게 하면 화를 잘 다스리도록 도와줄 수 있을까요?

이런 내용이에요!

초등학교 교사인 저자가 분노조절장애를 가진 학생을 담임하면서 고충을 겪은 후 만든 그림책입니다. 주인공 서해는 동생이 핸드폰 액정을 깨뜨려 핸드폰을 수리하고 돌아옵니다. 그런데 핸드폰에 '앵거게임'이라는 앱이 깔려 있는 것을 발견하지요. 서해가 화가 나면 앱이 작동해서 화를 내며 공격하겠느냐고 묻습니다. 처음엔 화가 나면 '예'를 선택하고 화를 냅니다. 핸드폰 배터리가 거의 남지 않게 되자 화가 나는데도 어쩔 수 없이 '아니오'를 선택하게 되고 화를 잘 다스리는 경험을 하게 되지요. 이야기가 게임처럼 진행되어 아이들이 흥미로워해요.

읽기 전 활동

제목과 표지 그림을 살펴본 뒤 '앵거게임'은 어떤 게임일지 상상하여 발표한다. 게임 방법을 유추하면서 이야기의 내용을 예상한다.

읽기 중 활동

실물 화상기로 그림책을 TV에 띄우고 함께 보며 등장 인물의 역할을 정해 목소리 연극을 한다. 해설은 선생님이 하고, 주인공, 엄마, 동생, 친구 세윤이 역할은 희망자 중에서 실감 나게 잘 읽을 수 있는 학생으로 선정한다. 남자 역할을 여자가, 여자 역할을 남자가 하면 더욱 재미있는 낭독극이 된다.

읽기 후 활동

● **경험 나누기 서클 활동**

하나의 큰 원을 만들고 둥그렇게 앉아 돌아가면서 평소 화가 나는 상황을 이야기 나눈다. 아이들마다 화를 내는 지점이 다르므로 친구를 이해하고 소통하는 시간이 되도록 한다.

1. 책걸상을 교실 가장자리로 옮기고 커다랗게 둥근 원을 만들어 앉는다.
2. 시계 반대 방향으로 돌아가면서 어떨 때 화가 나는지 이야기한다. 선생님이 먼저 시범을 보인다. (예 : 이런 말 들으면 화가 나, 친구가 이럴 때 화가 나, 엄마가 이럴 때 화가 나 등)
3. 경험 나누기 활동을 통해 다른 친구들이 화나는 상황을 이해하고 공감한다.

● **역할극하기**

화를 다스리는 방법을 역할극을 통해 연습한다. 화가 나면 생각할 겨를도 없이 공격적인 말과 행동이 나오게 되므로 역할극을 하면서 화를 다스리는 방법을 몸으로 익힌다.

1. 모둠(3인)별로 화가 나는 상황을 설정하고, 화를 잘 다스리는 장면을 다음의 예시처럼 역할극으로 만든다.

화가 폭발하기 직전 핸드폰 역할을 맡은 학생은 화난 학생에게 경고음을 울리며 "화를 내며 공격하겠습니까?"라고 묻는다. 화난 학생은 "아니오."라고 말하고, 다음과 같이 행동한다.

1. 심호흡을 3번 한다.
2. 화를 마주한다. (내가 왜 화가 났는지 이유 알아차리기, 자신이 원하는 것을 생각하기, 상대방에게 어떤 부탁을 할지 생각하기 등)
3. '행감바(상대방의 행동에 대한 나의 감정과 바라는 점 말하기)'와 '인사약(잘못을 인정하고 사과하고 약속하기)' 대화법으로 말한다.

- 행감바 대화 예시 : "네가 나에게 그림 못그렸다는 말을 해서(행동) 정말 화가 났어(감정). 앞으로는 내 그림에 대해 못그렸다고 하지 말고 격려해 주면 좋겠어(바라는 점)."
- 인사약 대화 예시 : "내가 너에게 그림을 못그렸다고 해서(인정) 미안해(사과). 앞으로는 그림을 못그렸다고 하지 않을게(약속)."

2 역할극 상황에 따라 모둠 인원은 조정할 수 있다.
3 역할극 준비 시간을 5분으로 하고 역할극 준비가 끝나면 희망하는 모둠순으로 앞에 나와 발표한다.
4 역할극 활동 후 소감을 발표한다.

- **화를 다스리는 방법**

화가 날 때 화를 다스리는 효과적인 방법에 대하여 아이디어를 나눈다. 화가 잘 풀렸던 방법이 있었다면 소개한다. 아이디어를 공유한 후 나만의 화 푸는 방법을 찾는다.

1. 화가 날 때 3단계 행동을 활동지에 쓴다.(1단계 : 심호흡을 3회 한다. 2단계 : 화가 난 이유를 생각한다. 3단계 : '행감바'로 상대에게 이야기한다.)
2. 번개 발표로 한 사람씩 돌아가면서 '나만의 화 푸는 방법'을 소개한다.
3. 친구들의 발표를 참고하여 '나만의 화 푸는 방법' 6가지를 활동지에 쓴다.
4. 책에 대한 소감을 활동지에 쓰고 발표한다.

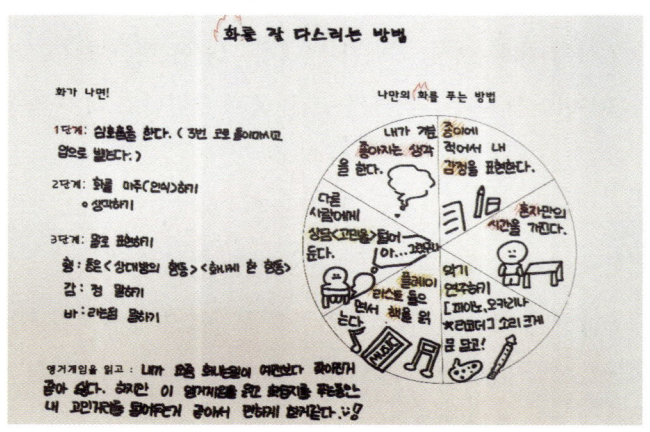

TIP 번개 발표

앉은 상태로 한 사람씩 돌아가면서 반 전체가 빠르게 발표하는 방법이에요. 발표 시작 학생과 발표 진행 방향은 선생님이 결정하여 안내해요. 발표할 내용이 생각나지 않는 학생은 '패스'를 말하고 다음 학생으로 진행한 후 마지막에 발표 기회를 줍니다.

수업을 마치고

자기 소개란에 '화를 참는 것을 진짜 힘들어하는 사람'이라고 쓴 아이가 있었어요. 이 아이처럼 우리 주위에는 유난히 화를 잘 다스리지 못하는 사람들이 있지요.

'화'를 느끼는 것은 나쁜 게 아닙니다. 다만 화를 표현하는 방식에 문제가 있습니다. 소리를 지르며 운다거나 물건을 던지고 거친 말과 행동을 하는 것이 문제지요. '화'라는 감정을 공격적으로 폭발시키지 않고 잘 다스리는 방법을 알려주고 싶었어요.

아이들과 그림책을 읽은 후 소감을 이야기 나누었어요. '나를 보는 것 같다, 화를 잘 다스려야겠다, 화에 대해 한 번 더 생각할 수 있는 좋은 책이었다, 화날 때 내가 했던 행동을 돌아볼 수 있었다, 친구와 부모님께 함부로 말하지 않아야겠다, 화를 잘 참을 수 있게 노력하게 됐다, 화를 참지만 말고 풀어줘야 된다는 것을 알았다.'고 했습니다.

그림책에 나오는 대화법은 마셜B. 로젠버그의 '비폭력 대화법'을 가지고 만든 거예요. 비폭력 대화의 4단계는 관찰, 느낌, 욕구, 부탁입니다.

화가 난 일을 관찰하기, 화가 난 일을 보았을 때 느낌(감정) 말하기, 그런 느낌을 일으키는 욕구 찾아내기, 원하는 것을 구체적으로 부탁하기입니다.

학급에서 비폭력 대화법으로 '행감바(상대방의 행동, 나의 감정, 바라는 점)' 대화법을 활용하면 아이들 사이에 갈등이나 싸움이 생길 때 건강하게 해결할 수 있습니다. 화(火)는 자신을 보호하기 위한 감정이지만, 잘못 표현하면 초가삼간을 다 태울 수도 있으니 잘 다스려야겠지요.

08
삶의 소중한 가치를 배워요

> 서로 돕는다는 건 이런 거야.
> "내가 반죽을 저을게 너는 초콜릿 조각을 넣을래?"

《쿠키 한 입의 인생 수업》, 에이미 크루즈 로젠탈 글,
제인 다이어 그림, 김지선 옮김, 책읽는곰

"와! 쿠키다."

"쿠키에 글자가 써 있어요."

《쿠키 한 입의 인생 수업》 그림책을 읽은 후 아이들과 쿠키를 나누어 먹었어요. 쿠키를 보자 아이들이 환호하며 기뻐했지요. 책 표지의 쿠키 그림에 '당당함, 예의, 욕심, 넓은 마음'이라는 글자가 적힌 것처럼, 실제 쿠키 봉지에 그림책에 나오는 '가치단어'를 적어 붙여두고 골라가도록 했습니다. 배려 쿠키를 먹은 아이들은 배려하기, 예의 쿠키를 먹은 아이들은 예의 바르게 행동하기, 인내 쿠키를 먹은 아이들은 참을성 기르기를 다짐했지요. 아이들이 삶의 소중한 가치들을 실천하며 바른 성품을 지닌 어른으로 성장하면 좋겠습니다.

이런 내용이에요!

아이들이 좋아하는 쿠키 이야기를 통해 삶의 지혜를 도란도란 들려줍니다. 쿠키를 만들고 나누어 먹는 과정 속에 스물두 가지의 삶의 태도가 들어 있어요. 긴 설명도 없고 교훈을 강요하지도 않습니다. 아이들의 눈높이에서 쉽고 재밌게 알려주지요. 서양, 동양, 흑인 아이들뿐만 아니라 동물들까지 등장하여 아이들에게 친근함을 줍니다. 특히 쿠키를 좋아하는 아이들의 눈길을 사로잡습니다. 2006년 뉴욕타임스 베스트셀러로 선정되어 많은 이들에게 사랑받은 책입니다.

읽기 전 활동

《쿠키 한 입의 인생 수업》에 수록된 가치 중 3개를 퀴즈로 낸다. 선생님이 가치를 설명하는 글을 읽어주면 학생들은 정답을 맞힌다.

- **Q** 쿠키를 진짜 잘 구웠어도 동네방네 자랑하고 다니지 않는 것은 어떤 태도인가요?(겸손)
- **Q** "걱정마, 괜찮아, 내 쿠키 나눠 먹으면 돼."라고 말하는 것은 어떤 태도인가요?(배려)
- **Q** '와! 쿠키가 아직 반쪽이나 남았네.' 하고 생각하는 것은 어떤 태도인가요?(긍정)

읽기 중 활동

실물 화상기로 그림책을 비추어 함께 보며 한 명씩 돌아가면서 한 면씩 실감 나게 읽는다. 글밥이 적은 그림책은 한 명씩 돌아가면서 읽는 것이 좋다.

읽기 후 활동

● 띠 빙고 놀이

그림책에 나온 가치단어를 찾아 정리한다. 띠 빙고 놀이를 통해 가치단어의 의미를 파악한다. 놀이는 개별 또는 모둠으로 진행할 수 있다.

> **Tip** 《쿠키 한 입의 인생 수업》에 수록된 22개 가치단어
>
> 서로 돕는다(협동), 참는다(인내), 당당함, 겸손, 공경, 믿음, 공평, 불공평, 배려, 욕심, 넓은 마음(관용), 부정, 긍정, 예의, 정직, 용감, 부러워한다, 우정, 열린 마음, 후회, 만족, 지혜

1. A4 용지 방향을 가로로 설정하고 4줄×8칸 표를 만든다. 가로로 네 줄을 잘라 개별로 한 줄씩 나누어 준다.
2. 학생들은 그림책에 수록된 22개의 가치단어 중 8개를 골라 한 칸에 한 단어씩 쓴다.
3. 선생님이 먼저 그림책을 한 번에 펼친다. 펼친 장면의 가치단어를

설명하는 부분을 읽어주고 학생들은 단어를 맞힌다.
4 정답이 띠 빙고지의 양쪽 끝에 있으면 가위로 오리고 중간에 있으면 오릴 수 없다.
5 선생님은 학생 이름이 적힌 우드 스틱 중 하나를 뽑는다. 뽑힌 학생은 앞에 나와 교사의 시범처럼 책을 펼치고 펼친 장면의 가치 단어를 퀴즈로 낸다. 이미 나온 장면일 경우 다시 펼친다. 우드 스틱을 뽑아 릴레이로 놀이를 이어간다. 띠 빙고지가 8조각으로 다 잘린 사람은 빙고를 외치고 활동을 마친다.

Tip

학년 초, 우드 스틱에 각자 자기 이름을 쓰고 꾸미기를 해요. 우드 스틱을 연필꽂이나 작은 통에 담아 제비뽑기로 활용하면 좋아요.

● **내가 선택한 가치**

그림책에 나오는 가치들 중에서 내 인생의 주춧돌로 삼고 싶은 가치를 선택한다. 선택한 이유도 함께 쓴다.

1 한 사람당 포스트잇을 1장씩 나누어 준다.
2 그림책에 수록된 가치단어 중에서 가장 중요하게 생각하는 단어를 1개 쓴다. 선택한 이유도 함께 쓴다.
3 학생들은 포스트잇을 각자 책상 위에 붙이고 모두 일어나 교실을 돌아다니면서 책상 위에 붙여진 포스트잇을 관람한다. 가장 공감되는 글에 스티커(1인당 5개)를 붙인다.
4 가장 많은 스티커가 붙은 포스트잇의 주인공이 일어나 내용을 발표한다.

TIP

학생들이 선택한 가치단어를 24칸 라벨지에 하나씩 써서 쿠키 봉지에 붙인 뒤 나누어 주었어요.

● **본깨적 독서 나눔하기**

책에서 '본 것, 깨달은 것, 생활에 적용할 점'을 기록하고 모둠원끼리 돌아가면서 이야기를 나눈다. 같은 책을 읽고 본깨적 독서 나눔을 하면 다양한 관점이 생기고 생각이 깊고 넓어진다.

1 두께가 있는 색깔 A4 용지를 반으로 자른 뒤 한 사람당 1장씩 나누어 준다.
2 종이를 3단으로 접어 병풍 모양으로 만든다.
3 한 칸에 하나씩 '본 것, 깨달은 것, 적용할 점'을 쓴다.
 • 본 것 : 책의 핵심 내용이나 인상 깊은 구절, 기억나는 장면
 • 깨달은 것 : 책에서 깨달은 생각이나 느낌
 • 적용할 점 : 생활에서 구체적으로 실천하고 싶은 행동

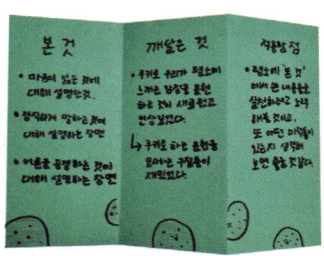
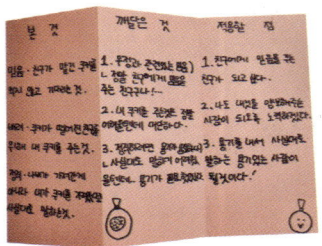
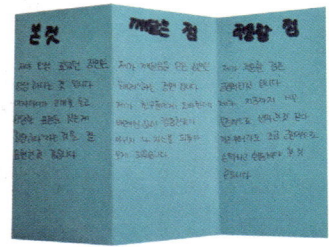

4   4인 모둠을 구성하여 모둠 번호순으로 돌아가며 본깨적 내용을 이야기 나눈다. 질문이 있는 경우 서로 질문하고 답변한다.
5   본깨적 활동지를 작품란에 게시하고 적용할 점을 생활에서 실천한다.

TiP

평소 독서감상문을 쓸 때 '본깨적(본 것, 깨달은 것, 적용할 점)'이나 '배느실(배운 점, 느낀 점, 실천할 점)'로 기록하도록 안내해요.

수업을 마치고

"선생님, 저 다했어요."
수업 시간에 아이들이 자주 하는 말입니다. 글쓰기를 하거나 미술 활동을 할 때 금세 다했다고 나오는 아이들이 있어요. 결과물을 보면 너무 대충대충 하고 다했다고 합니다. "성실하게 해야지."라고 말해 주는데 아이가 묻습니다. "성실이 뭐예요?" 아이들은 가치의 개념도 잘 모르는데 "성실해라, 배려해라, 긍정적으로 생각해라."라고 말하고 있었던 거지요.

《쿠키 한 입의 인생 수업》 그림책으로 아이들에게 가치 개념을 쉽게 알려줄 수 있어 좋았어요. 아이들은 쿠키 하나가 인생의 많은 것을 알려준다고 느꼈지요.

"넓은 마음으로 친구들에게 많은 것을 나누어 주고 싶다."
"앞으로 거짓말을 하지 않아야겠다."
"너무 적어도 있는 것으로 만족해 보자."
"믿음을 주는 친구가 되고 싶다."
"의견을 용기있게 말해야겠다."

긴 삶의 여정에서 아이들은 어디에 가치를 두고 살아야 할까요? 오랫동안 아이들을 만나면서 3월마다 강조하는 가치가 있어요. 바로 '성실, 배려, 긍정'입니다. 최선을 다해서 열심히 하는 것, 다른 사람의 입장을 생각해서 도움을 주는 것, 어떤 상황에서도 나쁜 면보다는 좋은 면을 생각하는 것입니다. 해마다 전하는 제 삶의 가치가 아이들의 말과 행동으로 번져갈 때 보람을 느낍니다. 인생의 세찬 비바람을 만나도 허물어지지 않는 단단한 아이들로 성장하길 소망합니다.

09
남의 물건에 손대거나 거짓말하지 않아요

> 이건 내 모자가 아니야.
> 그냥 몰래 가져온 거야.

《이건 내 모자가 아니야》 존 클라센 글·그림, 서남희 옮김, 시공주니어

"선생님, 제 부채가 없어졌어요."

한 아이가 방금 전까지 부채를 갖고 있던 것을 보았는데 갑자기 없어졌다고 합니다. 교실을 다 둘러보아도 보이지 않았어요. 아이들에게 친구 부채가 보이면 알려달라고 했지요. 잠시 후 부채를 찾았다면서 들고 온 아이가 있었습니다. 부채가 갖고 싶어 슬쩍 가져갔던 겁니다. 교실에서 물건이 없어지면 교사는 난감하지요. 사라진 물건을 찾는 것도, 물건을 가져간 아이를 지도하는 것도 쉽지 않습니다. 소유 개념이 부정확한 저학년 아이들뿐만 아니라, 내 것이 아니라는 것을 알면서도 욕심이 나서 다른 친구의 물건을 가져가는 아이들도 있으니까요. 아이들이 남의 물건에 함부로 손대지 않도록, 거짓말하지 않도록 그림책을 읽고 이야기 나눕니다.

이런 내용이에요!

주인공 작은 물고기는 잠자고 있던 커다란 물고기의 모자를 훔쳐 도망갑니다. 훔치는 게 나쁘다는 것을 알면서도 몰래 가져갔지요. 모자를 가져간 것을 아무도 모를 것이라고 생각하고 빽빽한 물풀 속에 숨어요. 그러나 커다란 물고기는 작은 물고기를 뒤쫓아와서 물풀 속으로 들어갑니다. 두 물고기가 만나는 장면을 물풀 그림으로 가려버려서 어떤 일이 벌어졌을지 아이들은 상상하게 되지요. 커다란 물고기가 모자를 찾아 쓰고 돌아가면서 이야기는 끝이 나요. 자기 양심을 속이지 않는 '정직'에 대하여 생각을 나눌 수 있는 이야기입니다.

읽기 전 활동

'바늘 도둑이 소도둑 된다' 속담을 초성 퀴즈로 맞히고 자신이 생각하는 속담의 뜻에 대해 이야기 나눈다. 이어 '정직' 하면 떠오르는 단어를 발표한다. 모든 학생에게 발표 기회가 가도록 하는데, 한 번도 발표하지 않았을 때는 주먹을 쥐고, 한 번 발표했을 때는 검지를 펴고 손을 든다. 발표한 횟수만큼 손가락을 펴고 손을 들도록 수업 약속으로 정하면 좋다.

읽기 중 활동

학생들은 교실 앞쪽에 모여 앉는다. 선생님은 학생용 책걸상을 준비하여 의자에 앉고 그림책을 책상 위에 세워두고 읽어준다. 가로로 긴 판형의 그림책으로 학생들이 가까이에서 감상할 수 있도록 한다. 등장하는 인물들의 눈동자가 전체 이야기를 이끌고 있으므로 등장인물의 눈과 표정의 변화를 관찰하도록 미리 안내한다.

읽기 후 활동

● **이야기 상상하기**

커다란 물고기가 작은 물고기를 쫓아 빽빽한 물풀 속으로 들어간 후 물풀 속에서 어떤 일이 벌어졌을지 상상하여 이야기를 만든다.

1. 포스트잇을 한 사람당 1장씩 나누어 준다.
2. 빽빽한 물풀 속에서 커다란 물고기와 작은 물고기 사이에 어떤 일이 벌어졌을지 상상하여 포스트잇에 쓴다.
3. 한 사람씩 돌아가면서 상상한 이야기를 발표한다.
4. 내가 지은 이야기와 친구들이 지은 이야기를 비교하며 듣는다.

● **주인공 인터뷰하기**

작은 물고기와 큰 물고기를 인터뷰한다. 인터뷰를 위해 질문을 만들 때, 열린 질문을 만들고 주제에서 벗어나지 않도록 안내한다.

1 　작은 물고기와 커다란 물고기에게 궁금한 질문을 공책에 적는다.
2 　작은 물고기 역할을 맡은 학생은 칠판 앞 의자에 앉는다.
3 　나머지 친구들은 기자가 되어 질문을 한다. 이때 장난식의 질문을 하지 않도록 당부한다.
4 　질문과 답변을 주고받으며 주인공의 입장을 이해한다. 주인공 역할을 맡은 학생이 답변을 못 할 경우 다른 친구가 손을 들고 대신 답변을 해줄 수 있다.
5 　커다란 물고기도 같은 방법으로 인터뷰를 한다.

- 질문 예시 : 작은 물고기
- 커다란 물고기의 모자를 훔친 이유는 무엇인가요?
- 커다란 물고기의 모자를 훔쳐 도망칠 때 기분은 어땠나요?
- 빽빽한 물풀 속으로 커다란 물고기가 나타났을 때 기분은 어땠나요?
- 커다란 물고기에게 모자를 주면서 무슨 말을 했나요?
- 만약 당신의 물건을 누군가 몰래 가져간다면 어떨까요?

- 질문 예시 : 큰 물고기
- 모자가 사라졌을 때 기분은 어땠나요?
- 작은 물고기를 어떻게 찾을 수 있었나요?
- 모자를 훔쳐간 작은 물고기를 만났을 때 무슨 이야기를 했나요?
- 모자를 찾았을 때 기분은 어땠나요?

- **게시판 토론**

토론 게시판을 만들어 논제에 대한 찬성과 반대 주장을 펼친다. 찬성, 반대, 반론을 기록하는 포스트잇의 색깔을 다르게 하면 게시판 토론이 좀 더 원활하게 진행된다.

1 토론할 논제를 정한다. 개별로 논제를 만든 후 모둠에서 대표 논제를 1개 선정한다. 각 모둠의 논제 중에서 거수로 학급 대표 논제를 정한다.
2 토론 게시판을 찬성과 반대로 나눈다.
3 학생은 각자의 입장을 포스트잇에 쓴 뒤, 찬성 또는 반대 칸에 붙인다.
4 반론이 있는 경우 반론을 작성하여 해당 의견 아래 이어 붙인다.
5 쉬는 시간을 이용해 틈틈이 게시판 토론을 하면서 주장을 펼친다.

수업을 마치고

《이건 내 모자가 아니야》는 친구의 물건을 계속 가져가는 아이가 있어 고민하던 중에 만난 그림책입니다. 모자가 갖고 싶은 작은 물고기의 마음은 이해하지만 옳지 않은 행동에는 분명한 한계를 지어줘야 하지요. 인터뷰 활동과 게시판 토론을 하면서 아이들 스스로 작은 물고기의 행동에 대해 생각할 기회를 가졌어요.

친구의 물건이나 교사의 물건에 손대는 아이, 잘못을 하고도 하지 않았다고 거짓말을 하는 아이, 경기를 이기려고 반칙을 하는 아이, 시험 시간에 커닝을 하는 아이 등 정직하지 못한 행동을 하는 아이들이 있지요. 처음엔 아이들의 행동에만 주목하여 혼을 냈어요. 아이들은 자신의 잘못을 감추기 위해 더 거짓말을 합니다. 지금은 아이들 행동 너머에 있는 마음을 먼저 헤아려주려고 해요. 아이들은 누군가 자신의 마음을 이해해줄 때, 솔직해지고 잘못을 인정하더라고요.

오답을 정답으로 고친 뒤 선생님이 채점을 잘못하였다고 시험지를 들고 나온 아이가 있었어요. 분명 채점을 잘못하지 않은 것을 알고 있었기 때문에 아이와 방과 후 이야기를 나누었죠. 처음엔 오답을 정답으로 고친 것을 완강히 부인했어요. 그때 정답을 오답으로 고친 이유가 있었을 것 같다고 묻자, 사실은 좋은 점수를 받아서 엄마를 기쁘게 해드리고 싶었다고 이야기했습니다. 야단치기보다 행동에 대한 이유를 물으니 아이들의 솔직한 마음과 만날 수 있었어요. 아이들의 마음을 먼저 헤아릴 때 정직의 씨앗도 키워나갈 수 있다는 것을 알게 되었습니다.

10
나만의 강점을 찾아요

사람들은 저마다 재능이 담긴 그릇을 가졌다.
하지만 내 그릇은 텅 비었다.

《치킨 마스크》 우쓰기 미호 글·그림, 장지현 옮김, 책읽는곰

"나는 왜 나로 태어났을까?"

"이런 나라도 필요하다는 사람이 이 세상에 있을까?"

"나는 도대체 뭐가 되고 싶은 걸까?"

그림책에 나오는 질문들이에요. 세상에 나로 태어난 이유와 어떤 사람이 되고 싶은지 생각했지요. 아이들은 그림으로 다른 사람들에게 기쁨을 주는 화가, 아픈 사람들을 친절하게 진료해 주는 의사, 사람들을 웃게 해주는 유튜버, 맛있는 요리로 행복을 전하는 요리사 등 누군가에게 도움을 주는 사람이 되고 싶다고 했어요. 미래의 직업뿐만 아니라 그 일을 통해 펼치고 싶은 꿈에 대해서도 이야기를 나누었습니다.

이런 내용이에요!

일본의 초등학교 교사가 쓴 그림책으로 아이들의 장점이나 재능을 가면에 빗대어 이야기하고 있습니다. 같은 반 친구들은 모두 잘하는 것이 있는데 주인공 치킨 마스크는 잘하는 것이 하나도 없다고 생각하죠. 그러던 어느 날 친구들의 마스크를 쓰고 여러 가지 재능을 경험합니다. 그리고 어떤 재능을 원하는지 고민하지요. 그때, 작은 꽃과 나무가 자신들을 돌봐준 치킨 마스크에게 다른 마스크가 되지 말라고 얘기합니다. 치킨 마스크의 예쁜 마음이 장점이고 재능이라고 말해 주지요. 사람은 누구나 자신만의 빛나는 부분을 가지고 있다는 따뜻한 메시지를 전해 줍니다.

읽기 전 활동

● **지우개 브레인스토밍**

선생님은 책을 읽어주기 전에 책에 나온 단어 20개, 나오지 않은 단어 5개를 섞어서 제시한다. 학생들은 책의 앞표지를 보고 내용을 추측하여 25개 단어 중 책에 나오지 않을 것 같은 단어 5개를 골라 세모 표시를 한다. 그림책에 나오지 않는 단어를 맞힌 경우, 단어 1개당 10점을 얻는다. 개별 또는 모둠별로 진행할 수 있다.

지우개 브레인스토밍 활동지

올빼미마스크	공부	놀이동산△	나무	만들기
그릇	치킨마스크	개구리마스크	체육	씨름
보물△	꽃	글씨	닭싸움△	햄스터마스크
토끼마스크	컴퓨터△	장수풍뎅이마스크	운동장	피구
엄마△	이어달리기	해달마스크	수영	리코더

읽기 중 활동

실물 화상기로 그림책을 비추고 선생님이 그림을 짚어가면서 읽어준다. 장면마다 그림을 보고 학생들과 대화를 하면서 이야기를 들려주면 그림책의 내용을 쉽게 파악하고 오래 기억하는 효과가 있다.

Q (1~2면) 여러분의 재능 그릇에는 무엇이 담겨 있나요?

Q (15~16면) 다른 사람을 부러워해 본 적이 있나요? 부러워했다면 이유는 무엇인가요? 내가 다시 태어난다면 어떤 사람으로 태어나고 싶나요?

읽기 후 활동

● **주인공 PMI 토론하기**

P(Plus : 장점, 긍정적인 점), M(Minus : 단점, 고칠 점), I(Interesting : 흥미로운 점, 새로운 점) 토론은 이야기 속 인물이나 사건의 장점, 단점, 흥미로운 점을 탐색하는 활동이다. 주인공 치킨 마스크의 장점과 단점, 흥미로운 점을 찾으면서 주인공에 대해 파악한다. 모둠 활동과 전체 활동 모두 가능하다.

1 선생님은 칠판을 3등분한 뒤 P, M, I로 구분한다.

치킨 마스크(칠판)		
Plus(좋은 점)	Minus(나쁜 점)	Interesting(흥미로운 점)

2 학생은 치킨 마스크의 장점(노랑색 포스트잇), 단점(분홍색 포스트잇), 흥미로운 점(하늘색 포스트잇)을 기록한 뒤 칠판의 해당 칸에 붙인다.
3 선생님은 칠판에 붙은 포스트잇 내용을 하나씩 소개한다.

● **친구의 강점을 찾아라**

친구의 강점을 적어주는 롤링페이퍼 활동을 한다. 평소 친구를 보고 느꼈던 친구의 장점이나 재능, 미덕을 한마디씩 남긴다. 노래 부르기, 축구, 그림 그리기 등 잘하는 것뿐만 아니라 성실, 책임감, 배려 같은 태도나 좋아하는 일, 외형적 특성이나 성격도 강점이라는 것을 미리 안내한다.

1. 학생들은 원하는 색상의 A4 용지를 1장씩 고른다.
2. 책걸상을 이동시켜 큰 원 하나를 만든다.
3. 용지 상단에 '○○○의 강점'이라고 크게 자신의 이름을 적는다.
4. 친구의 강점을 적고 시계 반대 방향으로 A4 용지를 넘긴다. 장난하는 글을 쓰지 않도록 주의를 주고 친구의 강점을 찾아 정성껏 쓰도록 당부한다.

5   강점 페이퍼가 원을 한 바퀴 돌아 자신에게 돌아오면 친구들이 써준 나의 강점을 읽어본다.
6   선생님은 친구가 써준 강점 중 고치고 싶은 부분이 있는 학생을 확인한다. 내용을 확인한 뒤 필요 시 강점을 써준 친구에게 부탁하여 수정, 보완한다.

TiP

선생님도 활동에 참여해서 아이들에게 강점을 써주면 아이들이 좋아해요. 또한 선생님의 강점도 아이들을 통해 알 수 있습니다.

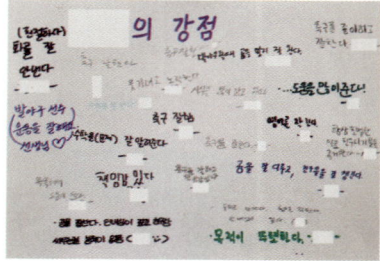 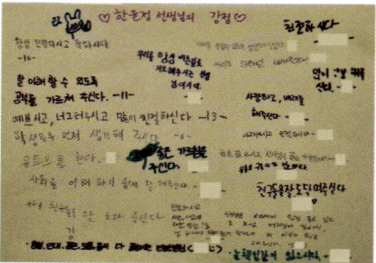

● **꿈 캐릭터 만들기**

'내가 나로 세상에 태어난 이유는 무엇일까? 내가 하는 일을 통해 다른 사람에게 어떤 도움을 줄 수 있을까?'를 생각한다. 자신의 재능을 살려 미래에 무슨 일을 하고 싶은지 꿈 캐릭터를 만든다.

1   8절 도화지 1장과 개별 사진 1장을 나누어 준다. 사진은 선생님

이 미리 찍어 A5 사이즈로 컬러 인쇄하여 준비해 둔다.
2. 자신의 얼굴을 오려 도화지에 붙인 뒤, 20년 후에 무슨 일을 하고 있을지 상상하여 그린다.
3. 꿈 캐릭터 옆에 말주머니를 만들어 미래에 하고 있는 일과 그 일을 하고 싶은 이유를 함께 쓴다. 직업명으로 쓰지 않고 하는 일을 써도 된다.
4. 꿈 캐릭터를 다 그리면 가장자리를 따라 말주머니와 함께 가위로 오린다.
5. 한 사람씩 나와서 실물 화상기에 자신의 꿈 캐릭터를 비추고 발표한다.

수업을 마치고

치킨 마스크처럼 특별히 잘하는 것도 없고 또래보다 부족한 아이들이 있어요. 스스로 잘하는 것이 아무것도 없다고 생각하죠. 이것저것 다 잘 못하니 친구들에게 무시당하기도 하고요. 그러나 세상에 장점 없는 사람은 없고, 단점 없는 사람도 없습니다. 누구나 자신만의 빛나는 강점이 있다는 것을 말해 주고 싶었어요. 또 친구의 약점보다는 강점을 인정해 주길 바랐어요.

롤링페이퍼 활동으로 친구들이 써준 강점을 읽고 소감을 나눴습니다. '친구들이 자신을 좋게 생각해줘서 행복했다, 다른 친구들도 내가 쓴 강점을 보고 행복하면 좋겠다, 나의 강점을 알게 되었다, 힘이 난다, 친구들에게 고맙다, 앞으로도 강점을 계속 살려야겠다' 등 자신의 긍정적인 면을 바라보는 아이들 모습에 흐뭇했습니다. 아이들이 저에게 남겨준 강점을 읽고 저 또한 뿌듯하고 힘이 났지요.

아이들은 다른 친구가 가진 장점이나 재능을 부러워하기도 합니다. 시험을 잘 본 친구를 부러워하기도 하고 달리기를 잘하는 친구를 보면 달리기를 잘했으면 좋겠다고 생각하지요. 치킨 마스크처럼요. 그러나 치킨 마스크가 친구들의 재능을 선택하지 않고 결국 치킨 마스크로 남은 것처럼 자기 안의 보석을 발견했으면 해요. 누구에게나 빛나는 한 가지는 있습니다. 서로의 빛나는 한 가지를 바라봐주면 좋겠습니다. 남과 비교하지 않고 자기만의 강점을 소중히 키워나간다면 저마다의 꿈을 이룰 것이라 믿어요.

11
긍정적인 마음을 가져요

왜냐하면 나름대로 다 좋거든요.

《고양이 피터》 에릭 리트윈 글, 제임스 딘 그림,
이진경 옮김, 상상의힘

"새로 산 운동화를 신고 웅덩이에 빠져서 진흙이 묻으면 기분이 어떨까요?"

"속상하고 화날 것 같아요."

"진흙이 묻었을 때 고양이 피터는 어떻게 말했나요?"

"난 좋아 내 갈색 운동화. 정말 좋아 내 갈색 운동화."

피터는 불평 없이 길을 걸으며 노래를 불러요. 아이들은 유쾌하고 긍정적으로 노래하는 고양이 피터에게 매력을 느끼지요. 장면이 바뀔 때마다 '피터의 운동화 색깔이 어떻게 변했을까' 재밌게 상상도 합니다. 어떤 어려움에 처해도 자신 있게 계속 걷는 피터! 어려운 상황에서도 나쁜 점보다 좋은 점을 생각하는 피터의 긍정 마인드가 인상적이에요.

이런 내용이에요!

'피터'는 이 그림을 그린 제임스 딘이 동물보호소에서 우연히 만난 고양이 이름을 따서 지었다고 해요. 파란 고양이 피터를 통해 긍정적인 삶의 태도를 이야기하고 있어요. 피터는 새로 산 하얀 운동화가 마음에 쏙 듭니다. 하얀 운동화를 신고 노래를 흥얼거리며 자신 있게 걷지요. 그런데 피터는 빨간 딸기 더미, 블루베리 더미, 진흙 웅덩이, 끝으로 물통에 빠지고 말아요. 하얀 운동화는 빨갛게, 파랗게, 갈색으로 변하고 젖게 됩니다. 그때마다 울지 않고 계속 길을 걸으며 흥겹게 노래를 불러요. 나름대로 다 좋다고 생각하면서요. 《고양이 피터》 시리즈는 15권 이상 출간되어 아이들에게 감동과 재미를 주고 있습니다.

읽기 전 활동

앞표지를 보고 하얀 운동화를 신고 있는 고양이 피터의 특징을 살펴본다. 새로 산 하얀 운동화를 신은 첫날, 웅덩이에 빠져서 진흙이 묻으면 피터는 어떻게 행동할지 이야기 나눈다.

읽기 중 활동

실물 화상기에 그림책을 비추고 선생님이 한 장씩 넘겨가며 읽어준다. 노래 부르는 장면은 교사가 간단한 리듬에 맞춰 노래로 불러주거나 모둠별로 노래를 만들어 부른다.

1   다섯 모둠이 모둠별로 협력하여 노래를 만든다.
2   1모둠은 하얀 운동화, 2모둠은 빨간 운동화, 3모둠은 파란 운동화, 4모둠은 갈색 운동화, 5모둠은 젖은 운동화를 맡는다.
3   기존 노래에 가사만 바꾸거나 랩으로 만들어도 된다. 노랫말은 "난 좋아 ○○ 운동화, 정말 좋아 내 ○○ 운동화, 난 좋아 내 ○○ 운동화."이다.
4   그림책을 읽다가 노래 부분이 나오면 모둠별로 노래를 부른다.

읽기 후 활동

● **'긍정' 가라사대 게임**

'가라사대' 게임과 동일한 방식으로, '가라사대' 대신 '긍정'을 사용한다. 선생님이 '긍정'이라는 말을 한 경우에만 선생님의 지시대로 행동한다. '긍정'을 말하지 않았는데 선생님의 지시대로 하면 탈락된다. 게임이 익숙해질 때까지 반복해서 연습 게임을 하면 놀이의 부담감이 줄어든다.

1   '가라사대' 게임을 진행하되, '가라사대'를 '긍정'으로 바꾼다.
2   "지금부터 긍정 게임을 시작하겠습니다."로 게임을 시작한다.
3   "긍정 오른손 드세요."(아이들은 오른손을 든다) "긍정 왼손 드세요" (왼손을 든다) "긍정 일어서세요"(일어선다) "와! 잘하네요. 이제 앉

으세요."(앉은 사람은 탈락된다.) "긍정 양손 드세요."(양손을 든다.) "긍정 양손 반짝반짝"(양손을 좌우로 흔든다.) "그만"(멈추면 탈락!)

4 "긍정 게임을 마치겠습니다."로 게임을 마친다.
5 최후의 1인이 남을 때까지 다양한 동작으로 진행할 수 있다.

● **은유법으로 '긍정' 표현하기**

이미지 카드를 활용하여 긍정을 은유법으로 나타낸다. 긍정에 대한 각자의 생각을 친구들과 나누면서 긍정적인 태도를 실천하는 마음가짐을 갖는다.

1 이미지 카드를 각 모둠(4인)에 20장씩 나누어 준다.
2 긍정을 설명하기에 알맞은 카드를 1장 고른다.
3 포스트잇에 '긍정이란 _____ 이다. 왜냐하면 _____ 하기 때문이다.'로 쓴다.
4 한 사람씩 나와서 이미지 카드를 보여주고 포스트잇에 쓴 내용을 발표한다.

5 포스트잇을 붙인 이미지 카드를 전시한다.

● **책 소감 말하기**

그림책을 읽은 후 떠오르는 생각이나 느낌을 글로 쓴다. 책 소감을 5글자로 말하고 별점(별1~5개)을 주는 활동을 함께 진행한다.

1   선생님은 포스트잇을 한 사람당 1장씩 나누어 준다.
2   그림책에 대한 소감을 포스트잇에 쓴다.
3   별을 1~5개까지 그려 별점을 준다.
4   책 소감을 다섯 글자로 나타내어 번개 발표(앉은 상태로 한 사람씩 돌아가면서 반 전체가 빠르게 발표하는 방법)를 한다.
5   포스트잇은 그림책 면지에 붙여두어 개인적으로 그림책을 읽을 때 친구들의 소감을 읽을 수 있게 한다.

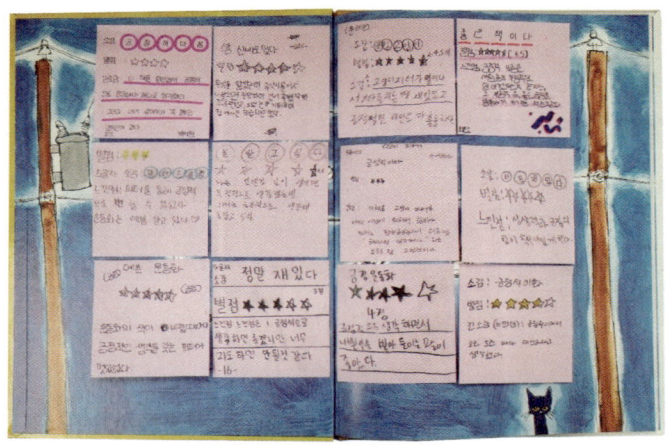

수업을 마치고

교실에는 언제나 부정적으로 말하는 아이들이 있어요. 누군가 "싫어요. 안 하면 안 돼요?"라고 말하는 순간 열심히 하려고 마음먹은 아이들과 교사는 힘이 빠집니다. 부정적으로 말하는 아이들 때문에 학급운영을 하는 데 매년 어려움을 겪었지요. 그래서 해마다 아이들에게 긍정적인 말과 태도에 대해 가르칩니다.

《고양이 피터》를 읽고 아이들은 다음과 같은 소감을 남겼어요.

"고양이 피터를 보고 그날부터 나는 달라지기로 다짐했다."
"좋게 좋게 생각하기"
"나도 멋진 사람이 될 수 있다."
"지금까지 너무 부정적으로 생각한 것 같아 지금부터라도 긍정적으로 생각하고 행동하겠다."

아이들이 긍정적인 말을 할 때마다 칭찬을 해주니 너도나도 긍정의 말을 찾았습니다. 교실에 긍정의 말이 넘치면 아이들과의 한해살이가 힘이 납니다. '좋은나무성품학교'에서 만든 '긍정적인 태도 한글 정의 노래'가 있어요. 노랫말에 긍정적인 태도는 '어떠한 상황에서도 가장 희망적인 생각, 말, 행동을 선택하는 마음가짐'이라고 나옵니다. 아이들과 함께 이 노래를 흥얼거리며 긍정의 하루를 보냅니다.

12
감정을 잘 표현해요

행복은 비누 방울을 타고 바람에 실려 어디론가 날아가지.

《감정은 무얼 할까?》 티나 오지에비츠 글,
알렉산드라 자온츠 그림, 이지원 옮김, 비룡소

"평온함을 느낄 때는 언제인가요?"
"불안을 느낄 때는 언제인가요?"

아이들과 그림책 속에 나오는 감정을 느꼈던 경험을 이야기 나누었어요. 그림책에서 '평온'이라는 감정은 강아지를 쓰다듬고 있는데요. 맛있는 것을 혼자 먹을 때, 조용한 음악을 들을 때, 잠자리에 누울 때 등 아이들마다 평온을 느낄 때가 달랐어요. 같은 감정도 아이들마다 느끼는 순간이 다릅니다. 친구의 감정에 공감할 줄 알고, 내 감정도 잘 표현하려면 감정 언어를 잘 사용해야겠지요.

이런 내용이에요!

기쁨, 분노, 감사, 불안, 용기 등 31가지의 감정을 나타내는 생명체가 등장합니다. 인형처럼 귀여운 생명체들이 감정에 걸맞은 행동을 하고 있지요. 즐거움은 트램펄린 위에서 뛰고 있고, 수치심은 땅에 구멍을 파고 두더지처럼 들어가 있어요. 우리 안에 살고 있는 다양한 감정들을 재밌게 만날 수 있는 그림책이에요. 평소 자주 사용하지 않는 평온, 열등감, 연민, 수치심 같은 감정들도 그림으로 쉽게 배울 수 있어요. 책장을 넘기다 보면 섬세하게 그려진 펜 그림이 편안하고 따뜻한 느낌을 줍니다.

읽기 전 활동

'감정'이 무엇인지 자유롭게 손을 들고 발표한다. 중·고학년인 경우 '감정' 낱말을 한자로 쓸 수 있는지 질문한다. 모를 경우 한자와 뜻을 알려준다. '감정(感 : 느끼다, 情 : 마음의 작용)'은 마음에서 일어나는 느낌이나 기분이라는 것을 이해한다.

읽기 중 활동

실물 화상기로 그림만 비추고 이야기를 들려준다. 학생들은 감정 캐릭터가 무슨 일을 하는지 그림을 관찰한다. 선생님이 들려주는 각 장면의 이야기를 듣고 어떤 감정인지 맞힌다. 또 그런 감정을 느낀 경험을 이야기 나눈다.

Q (5~6면) ○○은 주위를 따뜻하게 해. 주위를 따뜻하게 하는 감정은 무엇일까요?

Q 감사의 감정을 느낀 경험이 있나요?

읽기 후 활동

● **감정 빙고 게임**

모둠이 한 팀이 되어 빙고 게임을 한다. 그림책에 등장한 감정들을 말이나 행동으로 표현하면서 감정언어를 익힌다.

1   4인 모둠을 구성하고 각 모둠에 16칸 빙고판을 나누어 준다.
2   감정표를 보고 그림책에 나온 31가지의 감정 중 16개를 골라 빙고판을 채운다.

그림책 속 31가지 감정표

호기심	즐거움	감사	두려움	상상력	평온	질투	열등감
자유	반가움	연민	수치심	자존심	용기	행복	참을성
슬픔	신뢰	불안	향수	친절	기쁨	분노	공포
만족	그리움	희망	외로움	미움	우정	사랑	

3 빙고판을 먼저 채운 모둠 순서대로 한 사람씩 일어나 감정을 설명한다. 말과 표정, 몸짓으로 감정을 설명한다. 모둠 순서나 발표 순서는 가위바위보로 정할 수도 있다.

4 다른 모둠은 정답을 맞히고 빙고판에 정답이 있으면 동그라미 표시를 한다.

5 3번~4번 활동을 반복하고 세 줄 빙고가 된 모둠이 나오면 활동을 마친다.

- **감정 말하기 놀이**

감정 카드를 활용하여 자신의 감정을 친구들에게 표현한다. 감정 카드는 모둠 수만큼 준비한다. 감정 단어를 사용하여 자신의 감정을 표현

하고 친구의 감정에 공감하는 연습을 한다.

1   4인 모둠을 구성하고 '감정 카드'를 1세트씩 각 모둠에 나누어 준다.
2   책상 위에 그림이 그려진 앞면이 보이도록 넓게 펼쳐 놓는다.
3   모둠별로 순서를 정한 후 첫 번째 학생은 자신의 감정과 관련 있는 카드를 1장 고른다.
4   친구들에게 고른 카드를 보여주며, "나는 _____ 카드를 골랐어, 왜냐하면 _____ 하기 때문이야."로 말한다. 이때 최근 자신의 경험과 관련하여 자세히 이야기한다.
5   듣는 친구들은 말한 친구의 감정에 맞장구를 쳐준다. (예 : '신나다' 감정을 말하면 "신났겠다"로 맞장구를 쳐준다.)
6   시계 반대 방향으로 돌아가면서 10분 동안 활동을 4~5회 반복한다.

● **감정일기 쓰기**

자신의 감정을 매일 아침 개별 일기장에 두 문장으로 쓴다. 매일 자신의 감정을 인식하고 감정 표현에 익숙해지는 활동이다.

1   매일 아침 교실에 들어오면 감정일기를 쓴다. 감정 목록표를 일기장에 붙여 활용한다. (감정 목록표 : 감정툰 카드에 나온 감정을 A4 한 장에 정리한 표)

2 첫 줄에는 날짜를 쓰고, 다음 줄부터 자신이 느낀 감정과 이유를 두 문장으로 쓴다.
3 새로운 감정일기는 한 줄을 비우고 다음 일기를 쓴다.
4 긍정적인 감정뿐 아니라 부정적인 감정도 솔직하게 쓰도록 한다.
5 선생님은 매주 월요일 일기장을 확인하고 상담 자료로 활용한다.

감정 목록표('옥이샘의 감정툰 카드' 참고)

무섭다	슬프다	외롭다	짜증나다	화나다
신나다	행복하다	당황하다	미안하다	창피하다
억울하다	즐겁다	답답하다	걱정되다	설레다
샘나다	실망하다	울고 싶다	부끄럽다	재미있다
편안하다	기쁘다	얄밉다	속상하다	뿌듯하다
우울하다	서운하다	만족하다	불안하다	놀라다
쓸쓸하다	신경질나다	아쉽다	약오르다	후회되다

수업을 마치고

감정 카드로 자신이 느꼈던 감정을 표현하고 맞장구쳐주는 활동을 했어요. 활동을 마치고 소감을 나누었지요.

"오랜만에 감정을 밖으로 꺼내어 후련했다."
"친구들이 맞장구치며 공감까지 해줘서 좋았다."
"내 감정을 말로 잘 대변해야겠다."

감정을 그때그때 말로 표현하는 것은 쉽지 않습니다. 특히 1학년 아이들은 감정 표현이 서툴러서 화가 나면 큰 소리로 울거나 친구를 때리기도 해요. 고학년 아이들도 부정적인 감정을 마음속에 쌓아두고 혼자 힘들어하는 경우가 있지요. 마음이 건강하려면 자신의 기분이나 감정을 적절하게 표현해야 해요. 친구의 감정에 공감할 수 있어야 하고요. 교실에서 교사의 감정도 늘 평온하지는 않아요. 시시때때로 발생하는 교실 상황에 따라 감정이 널뛰기하는 날도 있습니다. 아이들도 여러 친구들과 지내다보면 불편한 감정을 느끼기 마련이죠. 그래서 아이들과 '나 전달법' 말하기를 연습해요.

'나-전달법(I-Message)'은 '나'를 주어로 상대방의 행동에 대한 나의 감정을 전달합니다. '너'를 주어로 하면 상대의 잘못을 비난하는 말투가 되기 때문에 나의 감정에 초점을 맞추어 솔직하게 표현하지요. 상대방 때문에 내 감정이 어떤지를 말하고 내가 바라는 것을 말합니다. 교사도 부정적인 감정이 생길 때 아이들에게 솔직히 감정을 전달하면 감정의 찌꺼기가 남지 않아요. 또 교사가 "자랑스럽다. 감동이다. 기쁘다" 등 긍정적인 감정 표현을 많이 할수록 교실 분위기가 밝아집니다.

에필로그
그림책을 읽어준다는 것은
사랑을 흘려보내는 일

    1995년, 초등교사가 되었습니다. 첫 학교에서 아이들을 만날 때, 두근거리던 기억이 생생합니다. '좋은 선생님이 되어야겠다.'라고 마음을 먹었지만, 아이들을 제대로 사랑할 줄 모르는 서툰 초보 교사였습니다. 아이들의 마음을 헤아리기보다 교사인 제 체면을 중요하게 생각했어요. 다른 반보다 무엇이든 잘해야 하고 완벽하게 해내기를 욕심부린 교사였습니다. 선생님의 말을 잘 듣는 그림 같은 반을 만들려고 했었지요. 힘이 잔뜩 들어간 교사였습니다.

    해가 거듭될수록 경험이 쌓이면서 아이들과 보내는 1년이 차츰차츰 편안해졌습니다. 삼 남매를 낳고 키우면서 아이들을 이해하기가 수월해졌어요. 엄마가 되고 보니 학부모의 심정으로 아이들을 대하게 되었지요. 그리고 아이들 마음을 들여다보게 되었어요. 부모가 이혼을 해서 조부모나 아빠 손에 크는 아이들, 공부 못한다고 무시당하는 아이들, 폭력적인 양육으로 거칠어진 아이들, 버릇없고 제멋대로인 아이들, 분노를 조절하지 못하는 아이들, 거짓말을 하는 아이들, 발달 장애가 있는 아이들, 과잉행동으로 학교생활이 힘겨운 아이들, 과도한 학원 순례로 지친 아이들, 친구가 없어 외로운 아이들. 마음이 아픈 아이들이 많아지고 있어 안타까웠습니다.

아이들의 마음을 위로하고 싶어 그림책을 읽어주었습니다. 몇 해 전부터 아이들에게 그림책을 읽어주면서 좋은 그림책을 많이 만났습니다. 교사인 제 마음에도 위로가 되었지요. 그림책은 아이들과 대화를 나누고 마음을 나누는 통로가 되었습니다. 아이들에게 가르침보다 먼저 공감의 말을 전하려고 노력했어요. 마음을 먼저 읽어주고 잘못된 행동은 정성으로 가르치려고 했지요. 마음을 이해받은 아이들은 마음을 열고 행동을 바꾸려고 애썼습니다. 한 권, 두 권 그림책을 읽어주며 사랑을 흘려보냈어요. 조금씩 조금씩 아이들이 변해 갔습니다.

올해로 셋째가 대학생이 되었습니다. 삼 남매를 키우며 달콤했던 시간이 언제였냐고 물으면 '책을 읽어주던 시간'이라고 말하고 싶습니다. 잠자리에서 아이들에게 책을 읽어주면서 대화하고 마음을 나누었던 시간이 지금도 그립습니다. 그림책은 사랑을 담고 있어요. 그림책을 아이들에게 읽어준다는 것은 사랑을 흘려보내는 일이라고 생각해요. 부모가 아이에게, 교사가 학생에게, 형님이 아우에게 그림책을 읽어주는 모습을 떠올려보세요. 사랑스러운 모습이 떠오릅니다. 교실에서도 아이들에게 그림책을 읽어주는 시간이 달콤합니다. 선생님의 사랑을 아이들에게 흘려보내는 시간이지요. 삼 남매가 그랬듯이 아이들은 선생님이 그림책을 읽어주는 시간을 참 좋아합니다. 그림책을 읽어줄 수 있는 아이들이 있어 행복합니다.

'가장 중요한 때는 언제일까?'
'가장 중요한 사람은 누구일까?'
'가장 중요한 일은 무엇일까?'

레프 톨스토이의 단편을 각색해 존 J. 무스가 펴낸 그림책《세 가지 질문》에 나오는 구절입니다.

주인공 니콜라스의 질문에 거북이 할아버지가 이야기하지요. 가장 중요한 때는 바로 지금 이 순간이고, 가장 중요한 사람은 바로 우리 곁에 있는 사람이며, 가장 중요한 일은 그 사람을 위해 좋은 일을 하는 거라고.

《세 가지 질문》그림책을 읽고 교사에게 가장 중요한 때는 언제이고, 가장 중요한 사람은 누군인지, 가장 중요한 일은 무엇인지 생각해 보았습니다. 처음 교사가 되었을 때, 아이들에게 느꼈던 설렘이 떠올랐습니다. 아이들은 나에게 어떤 의미일까? 교사인 내가 해야 할 중요한 일은 무엇일까?

꽃같이 예쁜 아이들을 만나 사랑하고 사랑받았습니다. 몇 해를 아이들과 더 함께 할 수 있을지 모르겠습니다. 남은 시간은 그림책으로 아이들에게 사랑을 전하는 일에 힘쓰고 싶습니다. 나를 사랑하고 다른 사람을 사랑할 줄 아는 아이들이 되었으면 좋겠습니다. 아이들의 삶에 좋은 영향을 주는 선생님이 되고 싶습니다. 아이들의 기억 속에 좋은 선생님으로 남았으면 합니다.

책을 쓰는 동안 지혜를 더해 주신 하나님께 영광을 돌립니다. 일하는 엄마의 부족한 틈을 이해해 주고 잘 자라준 세 보물단지와 제 옆을 든든히 지켜준 남편에게 사랑의 마음을 전합니다. 하늘에서 기뻐하실 아빠와 무조건적인 사랑으로 지지해 주는 엄마와 가족들 모두 고맙고 사랑합니다. 나의 제자가 되어준 아이들과 정다웠던 선후배 선생님, 저와 함께한 모든 분들과의 인연에 감사합니다. 마지막으로 이 책이 나오기까지 영감을 주고 그림책 수업에 즐겁게 참여해준 서울선린초등학교 제자들에게 사랑과 고마움을 전합니다.

"꽃처럼 이쁘고 태양처럼 멋진 아이들아!
너희들 덕분에 책이 출간되었어.
감사해! 사랑해! 언제나 행복하렴!"

부록

함께 읽으면 좋은 그림책

백마디 말보다 한 권의 그림책이 아이들을 교육하는 데 효과가 있습니다. 교사가 아이들에게 전하고 싶은 말을 그림책이 대신 전해 주지요. 한해살이가 즐겁고 행복한 학급을 경영하는 데 함께 읽으면 좋은 그림책을 스물네 가지의 주제별로 모았습니다. 인성교육, 창의적 체험활동, 생활지도와 관련하여 선생님이 관심 가는 주제 그림책부터 아이들과 함께 읽어보시길 추천합니다.

학급 세우기

아이들과의 첫 만남이 이루어지는 3월, 가장 설레면서도 바쁜 달이지요. 1년을 함께 보내야 할 아이들과 마음을 열고 모두가 바라는 행복한 학급 공동체를 만들어가요.

- **자기 소개하기** 《나는 (   ) 사람이에요》수전 베르데 지음, 피터 H. 레이놀즈 그림, 김여진 옮김, 위즈덤하우스
- **우리 반 이름 짓기** 《우리 반》김성범 글, 이수희 그림, 계수나무
- **우리 반 규칙 정하기** 《시저의 규칙》유준재 글·그림, 그림책공작소
- **학급 임원 선거** 《왕 한번 잘못 뽑았다가 큰일 날 뻔했네》상드린 뒤마 로이 글, 브뤼노 로베르 그림, 이주영 옮김, 책과콩나무
- **학부모총회, 자녀 칭찬하기** 《에드와르도 세상에서 가장 못된 아이》 존 버닝햄 글·그림, 조세현 옮김, 비룡소

자존감

자존감은 자신을 사랑하고 존중하는 마음입니다. 아이들이 세상을 살아가는 힘이 되지요. 친구를 부러워하기보다 있는 그대로의 나를 사랑하는 아이들로 성장하면 좋겠습니다. 자기다움을 지키며 당당히 세상으로 나아가길 바라요.

- **나를 사랑하기** 《완두》다비드 칼리 글, 세바스티앙 무랭 그림, 이

주영 옮김, 진선아이
- **아이들의 잠재력을 응원하는 이야기** 《아마도 너라면》 코비 야마다 글, 가브리엘라 버루시 그림, 이진경 옮김, 상상의힘
- **소중한 아이에게 보내는 엄마의 편지** 《너는 기적이야》 최숙희 글·그림, 책읽는곰
- **긍정적인 자아 형성하기** 《난 네가 부러워》 영민 글·그림, 뜨인돌어린이
- **단점을 새로운 관점으로 바라보기** 《기린은 너무해》 조리 존 글, 레인 스미스 그림, 김경연 옮김, 미디어창비
- **자신을 스스로 존중하기** 《너는 특별하단다》 맥스 루케이도 지음, 세르지오 마르티네즈 그림, 아기장수의날개 옮김, 고슴도치
- **꿋꿋이 자기다움을 지키기** 《민들레는 민들레》 김장성 글, 오현경 그림, 이야기꽃
- **나를 사랑하게 되는 이야기** 《나는 돌입니다》 이경혜 글, 송지영 그림, 문학과지성사

친구 관계

친구와 자주 다투거나 잘 어울리지 못하는 아이들이 있어요. 반면, 친구들과 잘 지내고 인기가 많은 아이들도 있지요. 친구 관계가 좋은 아이들은 학교에서 즐겁게 지내요. 친구를 존중하고 우정을 쌓아가는 것, 행복한 학교생활의 시작입니다.

- 나와 다른 친구 이해하기 《다다다 다른 별 학교》 윤진현 글·그림, 천개의바람
- 친구 입장에서 생각하기 《내 입장에서 생각해 봐!》 수잔나 이슨 글, 밀렌 리가우디 그림, 이종구 옮김, 세상모든책
- 가슴 따뜻한 친구 이야기 《우리 친구 하자》 앤서니 브라운 글·그림, 하빈영 옮김, 현북스
- 진정한 친구란? 《친구의 전설》 이지은 글·그림, 웅진주니어
- 친구 관계에 대한 고민 해결 《핑!》 아니 카스티요 글·그림, 박소연 옮김, 달리
- 친구를 향한 작은 친절 《혼자가 아니야 바네사》 케라스코에트 글·그림, 웅진주니어
- 친구와 함께 나누기 《무지개 물고기》 마르쿠스 피스터 글·그림, 공경희 옮김, 시공주니어
- 친구에게 먼저 다가가기 《큰 늑대 작은 늑대》 나딘 브룅코슴 글, 올리비에 탈레크 그림, 이주희 옮김, 시공주니어
- 단짝 친구 이야기 《똑, 딱》 에스텔 비용-스파뇰 글·그림, 최혜진 옮김, 여유당
- 짝꿍과의 다툼과 화해 《짝꿍》 박정섭 글·그림, 위즈덤하우스
- 친구들이 싫어하는 행동 멈추기 《친구를 모두 잃어버리는 방법》 낸시 칼슨 글·그림, 신형건 옮김, 보물창고
- 생쥐와 고래의 우정 이야기 《아모스와 보리스》 윌리엄 스타이그 글·그림, 김경미 옮김, 비룡소

언어 예절

'예쁜 말' 사용은 1년 동안 가장 강조해서 아이들에게 이야기합니다. '예쁜 말'은 교사와 아이들 모두 행복하게 하는 힘이 있지요. 다툼이나 갈등, 학교폭력 문제들은 '상처 주는 말'로 시작되는 경우가 많아요. 고운 말, 바른 말 사용은 교실을 평화롭게 합니다.

- **힘을 주는 말** 《세상에서 가장 힘이 센 말》 이현정 글, 이철민 그림, 김성미 꾸밈, 달달북스
- **짧지만 힘이 센 15가지 말** 《너에게 주는 말 선물》 이라일라 글, 서영 그림, 파스텔하우스
- **내가 하는 말 돌아보기** 《말의 형태》 오나리 유코 글·그림, 허은 옮김, 봄봄
- **말을 아끼고 신중하게 말하기** 《낱말 공장 나라》 아네스 드 레스트라드 글, 발레리아 도캄포 그림, 세용출판
- **상황에 맞는 지혜로운 말 사용법** 《말들이 사는 나라》 윤여림 글, 최미란 그림, 위즈덤하우스
- **상처 주는 말, 바꾸어 말하기** 《말 상처 처방전》 조경희 글, 시미씨 그림, 엠앤키즈
- **말의 옳고 그름을 판단하기** 《나쁜 말 먹는 괴물》 카시 르코크 글, 상드라 소이네 그림, 김수진 옮김, 그린북
- **함부로 말하지 않기** 《누군가 뱉은》 경자 글·그림, 고래뱃속

협동

아이들은 모둠 활동을 좋아합니다. 친구들과 의견을 교환하고 협업을 통해 혼자서는 하기 힘든 일들을 해내지요. 그런데 협력 활동에 열심히 참여하지 않거나 자신의 주장만을 고집하는 아이들이 있어요. 그림책으로 서로를 배려하면서 즐겁게 협력하는 마음을 키워보면 어떨까요?

- 서로 돕는 친구들 《누구나 잘하는 게 있어》 아라이 히로유키 글, 다케 마이코 그림, 윤수정 옮김, 토토북
- 함께 성장하기 《파닥파닥 해바라기》 보람 글·그림, 길벗어린이
- 따뜻한 나눔과 배려 《탄 빵》 이나래 글·그림, 반달
- 새학년, 친구들과 하나되는 노래 그림책 《들어와 들어와》 이달 글, 조옥경 그림, 김성미 꾸밈, 이주성 작곡, 달달북스
- 함께하는 힘 《줄다리기》 조시온 글, 지우 그림, 씨드북
- 더불어 살아가는 삶 《텅 빈 냉장고》 가에탕 도레뮈스 글·그림, 박상은 옮김, 한솔수북
- 함께 만들고 공평하게 나누기 《모두를 위한 케이크》 다비드 칼리 글, 마리아 덱 그림, 정화진 옮김, 미디어창비

가치 교육

시험 점수로 자신과 친구들을 평가하는 아이들을 종종 봅니다. 한

문제를 틀렸다고, 100점이 아니라며 속상해하기도 합니다. 이런 아이들의 삶이 행복할까요? 점수에 앞서 인생을 살아가는데 중요한 가치와 태도, 마음 자세를 익히는 것이 우선이지요. 내면이 단단해진 아이들은 스스로 인생을 잘 헤쳐나갈 테니까요.

- **달마다 나무가 전하는 미덕** 《열두 달 나무 아이》 최숙희 글·그림, 책읽는곰
- **톨스토이의 삶에 관한 질문** 《세 가지 질문》 레프 톨스토이 원저, 존 J. 무스 글·그림, 김연수 옮김, 달리
- **행복한 삶이란?** 《행복한 청소부》 모니카 페트 글, 안토니 보라틴스키 그림, 김경연 옮김, 풀빛
- **진짜 영웅의 모습 찾기** 《영웅을 찾습니다!》 차이자오룬 글·그림, 심봉희 옮김, 키위북스
- **가치의 의미 알기** 《아름다운 가치 사전 1, 2》 채인선 글, 김은정 그림, 한울림어린이

화

'화'라는 감정은 아이들뿐 아니라 어른도 다스리기가 어렵습니다. 교실에서 아이들과 생활하다 보면 불쑥 '화'가 올라올 때 있으시죠? 유난히 화를 잘 내는 아이를 만날 때도 있고요. 화나는 감정을 알아채고, 지혜롭게 푸는 방법을 그림책이 알려줍니다.

- 화를 낸 나의 모습 돌아보기 《불 뿜는 용》라이마 글·그림, 김금령 옮김, 천개의바람
- 화를 달래고 다스리기 《화가 났어요》게일 실버 글, 크리스틴 크뢰머 그림, 문태준 옮김, 불광출판사
- 화가 났을 때 머무르는 공간 만들기 《제라드의 우주쉼터》제인 넬슨 글, 빌 쇼어 그림, 김성환 옮김, 교실어린이
- 분노 조절하기 《소피가 화나면, 정말 정말 화나면》몰리 뱅 글·그림, 박수현 옮김, 책읽는곰
- 나만의 화를 푸는 방법 찾기 《소피아의 화를 푸는 방법》제인 넬슨 글, 빌 쇼어 그림, 김성환 옮김, 교실어린이
- '화' 들여다보기 《화가 둥! 둥! 둥!》김세실 글, 이민혜 그림, 시공주니어

감정 표현

감정을 표현하는 말들이 참 많아요. 그러나 아이들이 감정을 표현하는 데 사용하는 말들은 한정적이지요. 때로는 부정적인 감정을 행동으로 표출하는 아이들도 있고요. 그림책으로 감정을 표현하는 말들을 연습하고 마음이 건강하게 성장하길 바라요.

- 기분을 말하는 45개의 단어 《감정에 이름을 붙여 봐》이라일라 글, 박현주 그림, 파스텔하우스

- **'ㅅㅅㅎ' 초성을 가진 숨은 감정 찾기** 《내 마음 ㅅㅅㅎ》김지영 글·그림, 사계절
- **기분을 말로 표현하기** 《오늘 내 기분은…》메리앤 코카-레플러 글·그림, 김영미 옮김, 키즈엠
- **감정을 색깔로 구분하기** 《컬러몬스터 감정의 색깔》안나 예나스 글·그림, 김유경 옮김, 청어람아이
- **마음을 표현하는 말 80개** 《아홉 살 마음 사전》박성우 글, 김효은 그림, 창비
- **감정을 이해하고 표현하기** 《기분을 말해 봐!》앤서니 브라운 글·그림, 홍연미 옮김, 웅진주니어
- **감정을 솔직하게 표현하기** 《내 마음이 말할 때》마크 패롯 글, 에바 알머슨 그림, 성초림 옮김, 웅진주니어

정직

아이들은 성장하면서 크고 작은 잘못을 저지르기도 합니다. 이때 잘못을 솔직하게 말하는 아이들은 지도가 수월하지요. 반면, 잘못을 감추려고 거짓말을 하는 아이들은 지도하기도 어렵고 행동이 잘 바뀌지 않아요. 그래서 먼저 정직한 태도를 길러주어야 합니다.

- **양심적으로 행동하기** 《양심 팬티》마이클 에스코피어 글, 크리스 디 지아코모 그림, 김지연 옮김, 꿈터

- 거짓말을 한 후 해결 방법 《100개의 달과 아기 공룡》 이덕화 글·그림, 위즈덤하우스
- 진실을 말하여 임금님의 후계자가 된 이야기 《빈 화분》 데미 글·그림, 서애경 옮김, 사계절
- 거짓과 진실을 신중하게 판단하기 《거짓말》 미안 글·그림, 고래뱃속
- 정직하게 말하기 《말해 버릴까?》 히비 시게키 글, 김유대 그림, 양광숙 옮김, 보림
- 지우개를 훔친 일 자백하기 《빨간 매미》 후쿠다 이와오 글·그림, 한영 옮김, 책읽는곰

용기

    살다 보면 용기가 필요한 순간이 많지요? 아이들도 새로운 친구를 사귀고, 발표를 하고, 친구에게 사과를 해야 할 때 등 용기가 필요한 순간이 많습니다. 용기를 내지 못해 망설이는 아이들에게 두려움을 이겨 내고 용기 내보라고 응원해 주는 그림책입니다.

- 용기로 선생님과 친구들 구하기 《용기를 내, 비닐장갑!》 유설화 글·그림, 책읽는곰
- 두려움을 마주하는 용기 《블랙 독》 레비 핀폴드 글·그림, 천미나 옮김, 북스토리아이
- 새로운 도전을 하는 아이에게 보내는 응원 《어떡하지?》 앤서니 브라

운 글·그림, 홍연미 옮김, 웅진주니어
- **용감한 공주 이야기** 《종이 봉지 공주》로버트 문치 글, 마이클 마첸코 그림, 김태희 옮김, 비룡소
- **용감하다는 것의 의미** 《용감하다는 건》도미니카 립니에브스카 글·그림, 김은재 옮김, 키즈엠
- **겁 많은 아이들을 위한 용기 모자 만들기** 《용기 모자》리사 데이크스트라 글, 마크 얀센 그림, 천미나 옮김, 책과콩나무
- **두려운 마음** 《어린 새》김현성 글, 용달 그림, 책고래

긍정

어려운 과제가 주어졌을 때, 긍정적인 아이들은 '힘들겠지만 해봐야겠다' 생각하고 도전합니다. 반면, 부정적인 아이들은 '나는 못 해. 실패할 거야.'라고 생각하며 포기하지요. 긍정의 힘은 아이들의 삶을 좋은 방향으로 이끌어줍니다.

- **긍정의 주문** 《주문을 걸어 봐!》루이스 L. 헤이, 크리스티나 트레이시 글, 마누엘라 슈워츠 그림, 고정욱 옮김, 불광출판사
- **긍정의 메시지 "오, 괜찮은데?"** 《괜찮아 아저씨》김경희 글·그림, 비룡소
- **불평투성이 펭귄 이야기** 《펭귄은 너무해》조리 존 글, 레인 스미스 그림, 김경연 옮김, 미디어창비

- 무한 긍정 생쥐 이야기 《어떻게 먹을까?》 김슬기 글·그림, 시공주니어

심리적 어려움

마음이 건강한 아이들은 얼굴빛이 환합니다. 당당하고 자신감도 넘치지요. 아이들이 몸도 마음도 건강하면 좋겠습니다. 심리적인 어려움을 겪고 있는 아이들에게 그림책이 작은 위로가 되어줄 거예요.

- **슬픈 마음** 《슬픔이 찾아와도 괜찮아》 에바 엘란트 글·그림, 서남희 옮김, 현암주니어
- **엄마의 죽음** 《무릎딱지》 샤를로트 문드리크 글, 올리비에 탈레크 그림, 이경혜 옮김, 한울림어린이
- **부끄러운 마음** 《부끄럼쟁이 아냐, 생각쟁이야!》 김민화 글, 손지희 그림, 웅진주니어
- **외로운 마음** 《나의 구석》 조오 글·그림, 웅진주니어
- **우울한 마음** 《안녕, 울적아》 안나 워커 글·그림, 신수진 옮김, 모래알
- **질투하는 마음** 《괜찮아, 나의 두꺼비야》 이소영 글·그림, 글로연
- **미운 마음** 《이게 정말 마음일까?》 요시타케 신스케 글·그림, 양지연 옮김, 주니어김영사
- **걱정하는 마음** 《겁쟁이 빌리》 앤서니 브라운 글·그림, 김경미 옮

김, 비룡소
- **열등감** 《마음아, 작아지지 마》 신혜은 글, 김효진 그림, 시공주니어
- **울어도 괜찮아** 《눈물바다》 서현 글·그림, 사계절
- **나답게 사는 법** 《슈퍼 거북》 유설화 글·그림, 책읽는곰
- **실패를 딛고 일어서는 법** 《슈퍼 토끼》 유설화 글·그림, 책읽는곰
- **솔직해질 용기** 《곰씨의 의자》 노인경 글·그림, 문학동네
- **소문을 퍼뜨리는 아이** 《감기 걸린 물고기》 박정섭 글·그림, 사계절
- **경청이 필요한 아이** 《말이 너무 너무 너무 많은 아이》 트루디 루드위그 글, 패트리스 바톤 그림, 천미나 옮김, 책과콩나무
- **쉽게 포기하는 아이** 《참을성 없는 애벌레》 로스 뷰랙 글·그림, 김세실 옮김, 위즈덤하우스
- **소심한 아이** 《나는 소심해요》 엘로디 페로탱 글·그림, 이정화 해설, 박정연 옮김, 이마주
- **기다림이 필요한 아이** 《나는 기다립니다…》 다비드 칼리 글, 세르주 블로크 그림, 안수연 옮김, 문학동네

학교폭력예방교육

3월과 9월, 친구 사랑 주간에 학교폭력 예방교육을 해요. 매월 학교폭력 실태를 확인하기 위한 설문조사도 하고요. 지속적으로 아이들과 함께 학교폭력 관련 그림책을 읽으며 평화로운 학급을 만들어나갑니다.

- **전학 온 친구를 따돌리는 이야기** 《친절한 행동》재클린 우드슨 글, E. B. 루이스 그림, 김선희 옮김, 북극곰
- **학교폭력에 맞서는 용기** 《One 일》캐드린 오토시 글·그림, 이향순 옮김, 북뱅크
- **사이버 폭력에 대하여** 《그게 만약 너라면》패트리샤 폴라코 글·그림, 강인경 옮김, 베틀북
- **왕따와 책임에 대하여** 《내 탓이 아니야》레이프 크리스티안손 글, 딕 스텐베리 그림, 김상열 옮김, 고래이야기
- **방관자에 대하여** 《수미야, 미안해…》박 북 글·그림, 이카로스의 날개
- **외로운 아이의 하루** 《내 마음이 들리나요》조아라 글·그림, 한솔수북

장애이해교육

4월 20일 '장애인의 날'에는 그림책을 통해 장애를 가진 친구들의 이야기를 들려줍니다. "만일 나에게 장애가 있다면, 친구들이 나를 어떻게 대해 주면 좋을까?"에 대해 이야기도 나눠요. 장애를 가진 친구뿐만 아니라 나와 다른 친구를 이해하고 존중하는 마음을 배웁니다.

- **장애란 무엇일까** 《아나톨의 작은 냄비》이자벨 카리에 글·그림, 권지현 옮김, 씨드북

- **나에게 장애가 있다면** 《어떤 느낌일까?》나카야마 치나쓰 글, 와다 마코토 그림, 장지현 옮김, 보림
- **시각 장애 이해하기** 《눈을 감아보렴!》빅토리아 페레스 에스크리바 글, 클라우디아 라누치 그림, 조수진 옮김, 한울림스페셜
- **자폐증 이해하기** 《스즈짱의 뇌》다케야마 미나코 글, 미키 하나에 그림, 김정화 옮김, 우노 요타 감수, 봄나무
- **말 더듬기 이해하기** 《나는 강물처럼 말해요》조던 스콧 글, 시드니 스미스 그림, 김지은 옮김, 책읽는곰
- **청각 장애 이해하기** 《내게는 소리를 듣지 못하는 여동생이 있습니다》화이트하우스 피터슨 글, 데보라 코간 레이 그림, 이상희 옮김, 웅진주니어

과학의 달

4월 21일은 '과학의 날'입니다. 4월이면 과학기술정보통신부에서 과학문화 행사를 마련하고 학교마다 과학 관련 행사를 실시하지요. 과학 기술로 변화된 미래 사회를 상상하며 아이들과 과학 관련 그림책도 읽어봅니다.

- **화성 탐사 기록** 《나는 화성 탐사 로봇 오퍼튜니티입니다》이현 글, 최경식 그림, 만만한책방
- **실패를 딛고 발명가의 꿈 키우기** 《발명가 로지의 빛나는 실패작》안

드레아 비티 글, 데이비드 로버츠 그림, 김혜진 옮김, 천개의바람
- 우주에 날아간 최초의 동물 《라이카는 말했다》 이민희 글·그림, 느림보
- 미래의 로봇 사회 《로보베이비》 데이비드 위즈너 글·그림, 서남희 옮김, 시공주니어

가정의 달

어린이날, 어버이날, 부부의날 등 5월은 가족과 관련 있는 날이 많아요. 가족의 소중함을 느끼고 사랑과 감사를 전하는 달이지요. 그림책이 엄마, 아빠의 사랑과 고마운 가족에 대한 이야기를 들려줍니다.

- 가장 따뜻한 이름, 엄마 《나의 엄마》 강경수 글·그림, 그림책공작소
- 엄마의 희생과 사랑 《엄마 까투리》 권정생 글, 김세현 그림, 낮은산
- 엄마가 좋은 이유 《불곰에게 잡혀간 우리 아빠》 허은미 글, 김진화 그림, 여유당
- 변함없는 어머니의 사랑 《언제까지나 너를 사랑해》, 로버트 먼치 글, 안토니 루이스 그림, 김숙 옮김, 북뱅크
- 엄마의 응원 메시지 《우리는 언제나 다시 만나》 윤여림 글, 안녕달 그림, 위즈덤하우스
- 엄마 같은 할머니 《할머니 엄마》 이지은 글·그림, 웅진주니어
- 아이의 성장을 마주하는 아빠 《나의 작고 커다란 아빠》 마리 칸스

타 욘센 글·그림, 손화수 옮김, 책빛
- **변하지 않는 영웅, 아버지** 《나의 아버지》 강경수 글·그림, 그림책공작소
- **가족을 동물로 표현하기** 《근사한 우리 가족》 로랑 모로 글·그림, 박정연 옮김, 로그프레스
- **가족의 소중함과 특별함** 《가족은 꼬옥 안아 주는 거야》 박윤경 글, 김이랑 그림, 웅진주니어
- **모두가 행복한 가족 만들기** 《돼지책》 앤서니 브라운 글·그림, 허은미 옮김, 웅진주니어

스승의 날

'아이들에게 나는 어떤 선생님일까?' 그림책을 읽으며 떠오른 질문입니다. 그림책 속에 등장하는 선생님들의 모습이 저를 돌아보게 했어요. 선생님의 따스한 손길, 힘을 주는 말 한마디를 기다리는 아이들이 생각납니다.

- **선생님께 바치는 감사 이야기** 《고맙습니다, 선생님》 패트리샤 폴라코 글·그림, 서애경 옮김, 미래엔아이세움
- **선생님과 학생이 서로를 이해하기** 《선생님은 몬스터!》 피터 브라운 글·그림, 서애경 옮김, 사계절
- **작은 것을 인정해 주는 선생님** 《점》 피터 레이놀즈 글·그림, 김지효

옮김, 문학동네어린이
- **권위적인 선생님** 《지각대장 존》 존 버닝햄 글·그림, 박상희 옮김, 비룡소
- **기다려주는 선생님** 《검은색만 칠하는 아이》 김현태 글, 박재현 그림, 맹&앵
- **용기를 주는 선생님** 《틀려도 괜찮아》 마키타 신지 글, 하세가와 토모코 그림, 유문조 옮김, 토토북
- **애정 어린 관심을 주는 선생님** 《까마귀 소년》 야시마 타로 글·그림, 윤구병 옮김, 비룡소

생태환경교육

생태환경교육은 2024년부터 시행되는 '2022 개정 교육과정'에서 강조되고 있습니다. 기후 위기, 쓰레기 문제, 탄소 중립, 자연 파괴 등 지구 환경을 위해 해결해야 문제들이 많지요. 지구가 처한 다양한 환경 문제를 그림책을 통해 만나고, 해결할 방법을 찾아 실천해요.

- **해수면 상승 문제** 《도시에 물이 차올라요》 마리아 몰리나 글·그림, 김지은 옮김, 위즈덤하우스
- **기후 난민, 북극곰 이야기** 《눈보라》 강경수 글·그림, 창비
- **가라앉고 있는 섬나라 투발루** 《투발루에게 수영을 가르칠 걸 그랬어!》 유다정 글, 박재현 그림, 미래아이

- 전등 끄기 운동 《지구를 위한 한 시간》 박주연 글, 조미자 그림, 한솔수북
- 생활 속 에너지 절약 《우리 집 전기 도둑》 임덕연 글, 이형진 그림, 미래엔아이세움
- 한 번 쓰고 버려지는 택배 상자 이야기 《상자 세상》 윤여림 글, 이명하 그림, 천개의바람
- 바다 쓰레기 문제 《고래를 삼킨 바다 쓰레기》 유다정 글, 이광익 그림, 이종명 감수, 와이즈만 BOOKs
- 쓰레기 섬 이야기 《플라스틱 섬》 이명애 글·그림, 상출판사
- 플라스틱 빨대가 꽂힌 바다거북 구하기 《할머니의 용궁 여행》 권민조 글·그림, 천개의바람
- 육지 쓰레기 문제 《검정 토끼》 오세나 글·그림, 달그림
- 인류의 발전으로 인한 자연 파괴 《태어납니다 사라집니다》 유미희 글, 장선환 그림, 초록개구리
- 플라스틱의 위협 《미세미세한 맛 플라수프》 김지형·조은수 글, 김지형 그림, 안윤주 감수, 두마리토끼책
- 자연과 더불어 살기 《형제의 숲》 유키코 노리다케 글·그림, 이경혜 옮김, 봄볕
- 지구 환경을 위한 작은 실천 《내가 지구를 사랑하는 방법》 토드 파 글·그림, 장미정 옮김, 고래이야기

통일교육

통일교육은 6·25 전쟁 계기 교육으로 6월에 주로 실시합니다. 통합교과나 도덕 교과의 통일 관련 단원을 통해서도 통일 교육을 하지요. 6·25 전쟁과 분단 국가의 현실, 평화 통일에 대한 바람 등을 그림책으로 이야기 나눌 수 있어요.

- **분단과 통일 이야기** 《빨간 나라, 파란 나라》에릭 바튀 글·그림, 이주영 옮김, 담푸스
- **통일을 바라는 마음** 《비무장지대에 봄이 오면》이억배 글·그림, 사계절
- **통일 기차 이야기** 《기차》천미진 글, 설동주 그림, 발견
- **6·25 전쟁과 이산가족** 《엄마에게》서진선 글·그림, 보림
- **남북한 언어 탐구하기** 《우리말 통일사전》글씸(U&J) 글, 이명선 그림, 강경민 감수, 대원키즈
- **내가 바라는 평화** 《평화란 어떤 걸까?》하마다 게이코 글·그림, 박종진 옮김, 사계절
- **아이들이 생각하는 평화란?** 《평화책》토드 파 글·그림, 엄혜숙 옮김, 평화를 품은 책

독서교육

아이들 손에는 책 대신 스마트폰이 자리를 차지한 지 오래입니다. 학

교를 마치면 학원을 다니느라 여유롭게 책을 볼 짬도 없지요. 책과 점점 멀어지고 있는 아이들에게 책 읽기의 즐거움을 선물해 주고 싶어요.

- **노력가, 시인 김득신의 책 읽기** 《책 씻는 날》이영서 글, 전미화 그림, 학고재
- **책 읽기에 푹 빠진 두꺼비 이야기** 《책 읽는 두꺼비》클로드 부종 글·그림, 이경혜 옮김, 비룡소
- **책 읽기의 즐거움** 《책 읽기 좋아하는 할머니》존 윈치 글·그림, 조은수 옮김, 파랑새어린이
- **책 속에 책이 숨어 있는 책** 《이 작은 책을 펼쳐 봐》제시 클라우스 마이어 글, 이수지 그림, 이상희 옮김, 비룡소
- **책을 사랑해요** 《도서관》사라 스튜어트 글, 데이비드 소몰 그림, 지혜연 옮김, 시공주니어

독도교육

10월 25일은 '독도의 날'입니다. 일본은 독도를 '다케시마'라 부르며 일본 땅이라고 주장하고 있어요. 일본이 독도 영유권 논란을 지속하는 가운데 아이들이 독도가 우리 땅인 이유를 분명히 알고 독도를 사랑하는 마음을 가졌으면 합니다.

- **독도 경비대원인 삼촌이 들려주는 독도 이야기** 《우리 독도에서 온

편지》윤문영 글·그림, 신용하 감수, 계수나무
- **독도의 동식물 이야기** 《독도는 외롭지 않아》이정은 글, 이유정 그림, 키즈엠
- **일본의 독도 영유권 주장에 반박하는 자료** 《독도가 우리 땅일 수밖에 없는 12가지 이유》윤문영 글·그림, 단비어린이

진로교육

아이들은 씨앗과 같습니다. 작은 씨앗 안에 커다란 나무가 들어 있고 예쁜 꽃도 들어 있지요. 아이들마다 품고 있는 잠재력을 마음껏 펼쳤으면 해요. 자신의 단점보다 강점에 집중하고 흥미와 적성을 탐색하면서 꿈을 찾아 나가길 바라요.

- **다양한 직업을 소개하는 그림책** 《주인공은 너야》마크 패롯 글, 에바 알머슨 그림, 성초림 옮김, 웅진주니어
- **내가 잘하는 것 찾기** 《내가 잘하는 건 뭘까》구스노키 시게노리 글, 이시이 기요타카 그림, 김보나 옮김, 북뱅크
- **아이들의 무한한 가능성을 믿어주기** 《너는 어떤 씨앗이니?》최숙희 글·그림, 책읽는곰
- **원하는 것을 얻지 못해도 과정에 만족하기** 《샘과 데이브가 땅을 팠어요》맥 바넷 글, 존 클라센 그림, 서남희 옮김, 시공주니어
- **삶을 스스로 개척하기** 《노를 든 신부》오소리 글·그림, 이야기꽃

다문화교육

다문화 가정은 계속 증가하고 있습니다. 학급에서도 다문화 가정의 아이들을 만나게 되는데요. 외모와 말투가 다르다고 놀리는 아이들도 있어요. 아이들은 다양한 사람들이 존재하는 사회를 살아가야 해요. 차별과 편견 대신 다름을 인정하고 존중하는 법을 배워나가야 합니다.

- **피부색에 대한 편견 없애기** 《살색은 다 달라요》 캐런 카츠 글·그림, 신형건 옮김, 보물창고
- **다른 문화를 이해하고 존중하기** 《샌드위치 바꿔먹기》 켈리 디푸치오, 라니아 알 압둘라 왕비 글, 트리샤 투사 그림, 신형건 옮김, 보물창고
- **다름을 인정하고 존중하기** 《달라도 친구》 허은미 글, 정현지 그림, 웅진주니어
- **다문화 가정 이해하기** 《초코곰과 젤리곰》 얀 케비 글·그림, 박정연 옮김, 한솔수북
- **여러 나라 친구 이야기** 《내 친구들을 소개할게》 엘레나 아그넬로 글, 아드리 르 루 그림, 강이경 옮김, 머스트비

생명존중교육

생명존중교육을 통해 아이들이 생명을 귀하게 여기는 마음을 갖게 하고 싶었어요. 그림책은 부모님으로부터 온 나의 생명과 친구, 이웃,

자연 등 모든 생명이 소중하다는 것을 깨닫게 해줍니다. 모든 생명을 소중히 여기는 아이들은 자신과 주변을 더 사랑하게 될 거예요.

- **생명의 참된 가치** 《생명 축제》구사바 가즈히사 글, 헤이안자 모토나오 그림, 고향옥 옮김, 내인생의책
- **동물 유기 문제** 《검은 강아지》박정섭 글·그림, 웅진주니어
- **동물들의 행복할 권리** 《내일의 동물원》에릭 바튀 글·그림, 박철화 옮김, 봄볕
- **동물들의 털가죽을 찾아주는 구미호 이야기** 《꼬리 여덟 개 잘린 구미호가 다녀갔어》김미희 글·그림, 키위북스
- **모든 생명은 똑같이 소중해요** 《뿔쇠똥구리와 마주친 날》호르헤 루한 글, 치아라 카레르 그림, 배상희 옮김, 내인생의책
- **밥상에 오른 생명들에게 감사하기** 《우리는 먹어요》고정순 글·그림, 웃는돌고래

그림책 학급경영

1쇄 발행 2023년 3월 2일

지은이 한윤정
발행인 윤을식

펴낸곳 도서출판 지식프레임
출판등록 2008년 1월 4일 제2020-000053호
주소 서울시 동대문구 청계천로 505, 206호
전화 (02)521-3172 | **팩스** (02)6007-1835

이메일 editor@jisikframe.com
홈페이지 http://www.jisikframe.com

ISBN 978-89-94655-09-3 (03370)

- 이 책 내용의 전부 또는 일부를 재사용하려면 반드시 저작권자와 지식프레임 양측의 서면에 의한 동의를 받아야 합니다.
- 파손된 책은 구입하신 서점에서 교환해 드리며, 책값은 뒤표지에 있습니다.